Katharina Elisabeth Deifel

Wie können wir das Christentum im Abendland retten?

Katharina Elisabeth Deifel

Wie können wir das Christentum im Abendland retten?

Fromm Verlag

Imprint
Any brand names and product names mentioned in this book are subject to trademark, brand or patent protection and are trademarks or registered trademarks of their respective holders. The use of brand names, product names, common names, trade names, product descriptions etc. even without a particular marking in this work is in no way to be construed to mean that such names may be regarded as unrestricted in respect of trademark and brand protection legislation and could thus be used by anyone.

Cover image: www.ingimage.com

Publisher:
Fromm Verlag
is a trademark of
Dodo Books Indian Ocean Ltd. and OmniScriptum S.R.L publishing group

120 High Road, East Finchley, London, N2 9ED, United Kingdom
Str. Armeneasca 28/1, office 1, Chisinau MD-2012, Republic of Moldova, Europe
Printed at: see last page
ISBN: 978-613-8-37862-4

Wie können wir das Christentum im Abendland retten?

Im Westen hat man CHRISTUS verloren, und deshalb kommt der Western zu Fall, einzig und allein deshalb.

F.M. DOSTOJEWSKI

VORWORT

Es gehört fast zum guten Ton, dass Kontinente einen mythologischen Ursprung haben. Als humanistisch erzogener Teenager verstand ich das wohl nicht so recht – hier eine Kostprobe meiner damaligen „Dichtung":

Ich glaube, jeder Leser weiß,
der Göttervater das ist ZEUS.
Um diesen Posten zu erlangen,
hat sich's der Kerl unterfangen,
den URANOS vom Thron zu stürzen
und ihm das Leben abzukürzen.
Und da er gar nichts Bess'res fand,
bat er die Schwester um die Hand.
Nun - HERA hieß die üpp'ge Maid,
sie war zu streng und zu gescheit.
Zuerst ging ja noch alles gut,
und ZEUS war noch voll Stolz und
Mut,
doch wurde dann der Mensch erschaffen,
und ZEUS begann sich zu vergaffen,
ob blond, ob brauch, in jedes Weib -
ein angenehmer Zeitvertreib!
Als GOTT stand Tor und Tür ihm offen,
bald durfte manches Mädchen hoffen,
von ZEUS ein Kindlein zu gebären
und so die Götterzahl zu mehren.
Doch ach, die böse, böse Welt
die Kinder für Bastarde hält!
Auch ward die Eh' mit HERA schnell

1

für unsern armen ZEUS zu Höll',
denn ach so vielen Seitensprüngen,
konnt' HERA Nachsicht nicht aufbringen.
Sie weinte, keifte, tobte schrie:
„Wer war's schon wieder, wo und wie?"
Dann war's ihr einz'ger Sport und Spaß,
die andre zu bedrohn mit Hass.
Doch trotz den vielen Ehekriegen
ließ er nicht ab, sie zu betrügen.
Zur JO der ZEUS als Wolke kam,
DANÄ' mit Gold er übernahm,
EUROPA er als Stier erschien –
und bald schwand ihre Tugend hin.
Der Abenteuer gäb's noch viel,
die ich nicht nennen kann noch will.
Doch HERA sah nicht müßig zu,
bald war die schöne JO `ne Kuh,
SEMÉLE wurde gleich verbrannt,
LETÓ auf Delos ward verbannt.
Kurz, jeder schlauen List des ZEUS,
sein Frauchen zu begegnen weiß.
Er sucht zwar durch ein stolz´ Gebaren
vor anderen das Gesicht zu wahren,
denn er ist ja der höchste GOTT
und meiden muss er jeden Spott.
Von Menschen fordert er Respekt –
daheim er lieber sich versteckt!
So muss der Herrscher aller Welten
wohl als Pantoffelheld nun gelten.

Doch nun Spaß beiseite. Die Urgeschichtsforschung bietet immer noch keine eindeutig beweisbare Theorien, am wahrscheinlichsten dürfte die Deutung meiner natürlich längst verstorbenen Professoren LESKY und SCHACHERMEYER sein: mit der Sesshaftwerdung in der Jungsteinzeit wurde das Patriarchat der Nomaden durch eine Vorrangstellung der Frau abgelöst, zumal die Mutter im Gegensatz zum Vater immer feststand. Verbunden damit war eine Verehrung von Muttergöttinnen. Warum sich diese Vorrangstellung der Frau nicht bewahren ließ und sich ca vor 7000 Jahren das Patriarchat wieder durchsetzte, ist ungewiss, könnte aber mit klimatischen Veränderungen und damit verbundenen Migrationsbewegungen zusammenhängen. Erst jetzt betreten wir historisch gesicherten Boden. In den Sagen spiegelt sich das wider – ZEUS muss alle Muttergöttinnen heiraten und so über sie Herrschaft gewinnen: seine amourösen Abenteuer haben also einen machtpolitischen Background.

In der sogenannten Ersten Welt hat sich das Patriachat zum Leidwesen zahlreicher Emanzen bis heute erhalten. Es ist zu überlegen, ob die Aufhebung der natürlichen Geschlechtsdifferenz nicht ein wesentlicher Beitrag des Selbstmords unserer Gesellschaft ist, worauf wir noch eingehen werden.

Gesellschaft ist eine auf Dauer gestellte Menge von Menschen – muss zumindest auf **vier Säulen** ruhen:

- Selbsterhaltung durch Arbeit
- Arterhaltung durch Zeugung und Erziehung von Nachkommen
- Friedliches Zusammenleben durch sanktionsfähige Gesetze
- Wertevermittlung durch Kirchen u.a. humanitäre Gemeinschaften

Der Mensch hat dieselben Grundtriebe wie ein (höheres) Tier – **Selbsterhaltung** (Besitz, Macht) und **Arterhaltung** (Sexualität) – doch nicht durch die Natur gesteuert. Er erlebt seine Grundtriebe daher als unendliche Sehnsucht

➔ er will immer mehr haben, als er bekommt
➔ er Mensch muss lernen, seine Natur zu humanisieren.

Denn:

Der Mensch hat keine natürlichen Hemmungen bzgl. Besitz, bzgl. Sexualität und bzgl.

Freiheitsgebrauch: der berüchtigte Slogan „anything goes" führt zu ungebremstem Egoismus und Individualismus, der **gemeinschaftsunfähig** macht

Da diese Grundsehnsüchte nach Besitz, Macht und Sex beim Menschen nicht durch die Natur geregelt werden, bedarf es entsprechender **Institutionen – Einrichtungen,** die die fehlende Instinktsteuerung des Menschen ersetzen (vgl. GEHLEN A., Der Mensch. Seine Natur und seine Stellung in der Welt. Frankfurt a.M.-Bonn, 1962[7]) – der Mensch ist daher ein biologisches Sonderproblem, seine Selbstdeutung **praktische** Auswirkungen: *Ob sich der Mensch als Geschöpf GOTTES versteht oder als arrivierten Affen, wird einen deutlichen Unterschied n seinem Verhalten zu wirklichen Tatsachen ausmachen (GEHLEN, S.9).* (10) Der Mensch **muss** zu sich selbst Stellung nehmen, weil er *das noch nicht festgestellte Tier* ist (NIETZSCHE). Dazu hilft dem Menschen die **Verschiebbarkeit** der Triebenergie (FREUD): wird diese Triebenergie sublimiert, wird sie zum Motor für höhere Ziele – Kunst, Wissenschaft, Religion. Das wäre mal ein guter Ansatz – doch viele linke Gruppen sind im Anschluss an BAKUNIN überzeugt, dass eine Erneuerung der Gesellschaft die Zerstörung der bisherigen Gesellschaft voraussetzt. Hierher gehört auch die von den 68ern geforderte Abschaffung der Institutionen („Gesellschaftsneurosen" / HABERMAS), die eine Marktlücke schuf, in die der **Konsummaterialismus** voll eingedrungen ist. Dabei scheint sie die historische Tatsche nicht zu stören, dass es in Ländern, die Reformen durchführten, keine Französische Revolution gab, also in Österreich und Preußen, in Frankreich und später in Russland hingegen, wo es diese Reformen nicht gab, es sehr wohl zu einer furchtbaren Revolution kam.

1. DIE WURZELN EUROPAS

Wenn man die Wurzeln einer Pflanze zerstört, stirbt diese. Geschieht dies mit politischen Gebilden nicht ebenso? So viel ich sehe, hat Europa eine Hauptwurzel, das Christentum, und drei Nebenwurzeln, die griechische Philosophie und Kunst, das Römische Recht und die Aufklärung. Das Christentum ist die Hauptwurzel, weil es die drei anderen integrieren konnte.

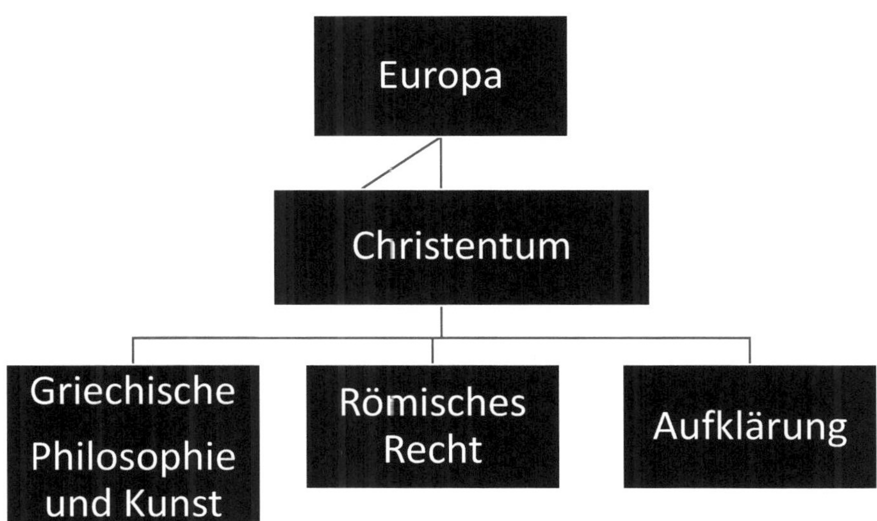

1.1 Die griechische Philosophie und Kunst

Zunächst eine Vorwarnung oder Ermutigung: dieses Einleitungskapitel ist die Basis für folgenden Erwägungen, aber sicher etwas schwierig.

1.1.1 Philosophie

Ich nehme zwei Beschränkungen vor:

Erstens: Wir beschäftigen uns hier nur mit der **europäischen philosophischen Tradition** - nicht nur, weil wir Europäer sind, sondern auch – und besonders – deshalb, weil die Philosophie im eigentlichen Sinn eine europäische Erfindung darstellt: Fast 600 Jahre lang war die Philosophie der Religionsersatz für die Gebildeten zunächst in Griechenland, dann im Alten Rom. Die Verbindung von Philosophie und Hochreligion zur Theologie – im Hinduismus und Buddhismus vom Beginn an – entstand in Europa erst durch die christliche Mission im Römischen Weltreich: Wollten die Christen auch die Intellektuellen der damaligen Zeit erreichen, mussten sie sich deren Denkweise aneignen.

Zweitens: Auch innerhalb der europäischen Tradition müssen wir uns auf **einen** Denkansatz beschränken, der für unser Thema besonders relevant ist.

PAULUS mahnt in 1 Thess 5,21:   Prüfet alles, und behaltet das Gute!

Die frühen Christen sahen sich vor die Anforderung gestellt, ihren Glauben in das damals anerkannte wissenschaftliche Gewand zu kleiden, das der griechischen Philosophie. Nach ihrem Vorbild stehen wir heute vor der Anforderung, unseren Glauben – niedergelegt in der Bibel – **in ein heute anerkanntes wissenschaftliches Gewand zu kleiden,** natürlich ohne Verlust des Inhalts. Die heutige Anforderung ist allerdings schwieriger geworden: Denn es waren nur wenige Denkmodelle der antiken Philosophie atheistisch bzw. agnostisch.

Seit GALILEI besteht ein neues Wissenschaftsparadigma, das primär von den Natur-, sekundär auch von den Geisteswissenschaften erfolgreich praktiziert wird. Doch schon die **Philosophie** hatte Schwierigkeiten, ein allgemein anerkanntes neuzeitliches Denkmodell zu erstellen. Das dürfte nicht zuletzt damit zusammenhängen, dass die Philosophie Gesamtwirklichkeit thematisiert, also die **Wertfrage** nicht ausklammern darf. Gerade diese Wertfrage wird aber in einer pluralistischen Kultur, in der wir nun einmal leben, sehr uneinheitlich gelöst. Daher sehen wir uns heute nicht der **einen** philosophia perennis, sondern einer Vielfalt von philosophischen Denkmodellen gegenüber. Aufgrund des noch zu besprechenden Naheverhältnisses von Philosophie und Theologie zieht die philosophische Krise eine theologische nach sich. Dazu kommt, dass viele Theologen der Entwicklung eines neuzeitlichen wissenschaftlichen Konzepts von Theologie überhaupt skeptisch gegenüberstehen, wohl in der unbegründeten Angst, dass eine neuzeitliche Einkleidung ihren unverzichtbaren Inhalt gefährden könnte. So ist die Theologie wohl die einzige Wissenschaft, die – abgesehen von theologischen Einzeldisziplinen – bisher noch mit einem mittelalterlichen Gesamtkonzept auftritt und daher von den anderen Wissenschaften nicht ernst genommen wird.

1.2 Charakteristika von Wissenschaft

Der vorläufige Unterschied von Alltagswissen / einzelwissenschaftlichem Wissen / Philosophie

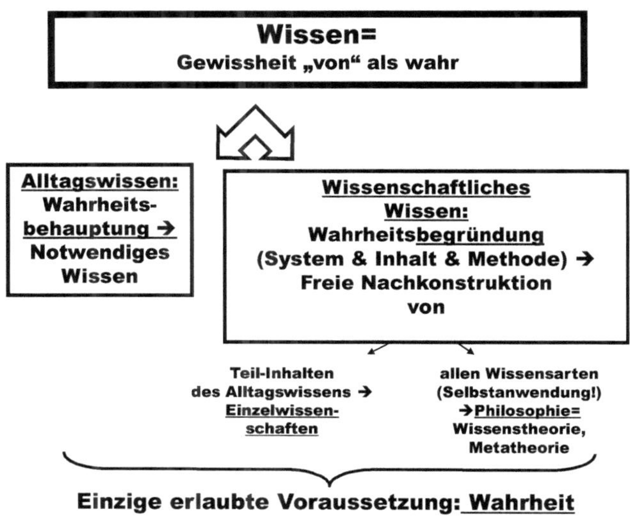

Die Unterscheidung von **Alltagswissen** (doxa) und **wissenschaftlichem Wissen** (episteme, zunächst noch ohne die zusätzliche Unterscheidung von Einzelwissenschaften / Philosophie) hat eine lange Tradition (spätestens seit PLATON, in Ansätzen wohl schon bei PARMENIDES nachweisbar, Vgl. dazu: FICHTE J.G., Begriff der W.-L., A 1794, B 1798).

Gemeinsam ist beiden Arten des Wissens, dass sie **Wissen** im Sinne von „Gewissheit von Etwas als wahr" sind, also eine Relation von Wahrheit / Bewusst-Sein darstellen. Mehr als eine solche Beschreibung von Wissen ist nicht möglich, da eine strenge Definition von Wissen unmöglich ist – sie müsste ja innerhalb des Wissens erfolgen, Wissen kann also nicht gleichsam „von außen" definiert werden.

Unterschieden sind beide Wissensarten darin, dass Alltagswissen **ursprünglich und notwendig** ist - es gibt keinen völlig bewusstlosen Menschen -, wissenschaftliches Wissen sich aber auf Alltagswissen zurückbezieht, also **reflexiv und frei** ist, und daher Alltagswissen immer schon voraussetzt. Das Sprichwort: „Primum vivere, deinde philosophari" hat hier seine bleibende Gültigkeit.

Damit eine solche Wissensverdopplung sinnvoll ist, muss nachgewiesen werden können, dass beide Wissensarten eine **spezifische Aufgabe** haben.

Auch Alltagswissen muss „Gewissheit von Etwas als wahr" sein - sonst wäre es kein Wissen -, doch weist es den Wahrheitsbezug des Bewusst-Seins nicht als wahr aus, sondern begnügt sich mit seinem faktisch vorhandenen Gewiss-Sein („faktische Evidenz": LAUTH, Begriff, Begründung und Rechtfertigung der Philosophie, München-Salzburg 1967, bes. 64 ff.). Diese ist zum Handeln und zur Kommunikation zureichend, kann aber Irrtum nicht grundsätzlich ausschließen, da Bewusst-Sein von sich aus Inhalte nicht bewahrheiten kann (sonst wäre alles, was wir denken, automatisch wahr). Das Alltagswissen ist also Wahrheitsbehauptung. Dazu ein einfaches Beispiel: Ich muss nicht Elektrotechnik studieren, um einen Schalter zu betätigen.

Wissenschaftliches Wissen hingegen beansprucht, „objektive" (d.h. intersubjektiv überprüfbare) Wahrheits**begründung** zu sein. Begründen bedeutet, etwas aus seinem Grund ableiten. Wenn also wissenschaftliches Wissen die Wahrheitsbehauptungen des Alltagswissens begründen will, muss es dessen Behauptungen als in Wahrheit begründet ausweisen. Dazu bedarf es zwei weitere Evidenzarten:

Logische Evidenz ist die Evidenz eines Grund-Folge-**Verhältnisses**. Wäre nämlich in einem Grund-Folge-Verhältnis das **Verhältnis** selbst nicht evident, geriete man innerhalb desselben in einen unendlichen Regress (G ➔ F würde dann zu G1 ➔ F1, G2 ➔ F2, ...Gn ➔ Fn).

Damit man aber aufseiten des Grundes nicht in einen unendlichen Regress gerät (G1 ⬅ G2, G2 ⬅ G3, ... Gx ⬅ Gy), muss man noch eine dritte Evidenzart annehmen, nämlich die **genetische Evidenz** als Evidenz eines Selbstbegründungsverhältnisses. Diese dritte Evidenzart verweist allerdings schon auf den noch ausführlicher zu besprechenden Unterschied von Einzelwissenschaften und Philosophie (s.u.). Auf die Wahrheitsfrage wird noch ausführlicher eingegangen.

Die heute üblichen Charakteristika von Wissenschaft

Aufgrund der Unmöglichkeit vollständiger Induktion kann ein allgemeingültiger Begriff von Wissenschaft **nicht induktiv** durch Sammlung, Beschreibung und Analyse alles dessen, was mit Wissenschaftsanspruch auftritt, gewonnen werden. Es wurden daher drei Postulate aufgestellt – ihre Begründung erfolgt durch die Philosophie (s.u.) -, denen eine Urteilsmenge genügen muss, um als Wissenschaft zu gelten.

Wir sagten bereits: Wissenschaftliches Wissen soll Wahrheitsbehauptungen überprüfen und begründen, Begründen aber ist ein Herstellen von Zusammenhängen zwischen einem Grund und einem Begründeten (wobei, wenn der Grund sich seinerseits als begründungsbedürftig herausstellt, diese Begründungsreihe fortgesetzt werden muss). Um daher als Wissenschaft gelten zu können, muss eine Urteilsmenge in durchgehendem Begründungszusammenhang stehen oder, was dasselbe meint, ein **System** bilden. D.h.: Jedes Urteil in einer Wissenschaft besitzt nur dadurch Erkenntniswert, dass es mit allen anderen Urteilen derselben Wissenschaft in mittelbarem oder unmittelbarem Begründungszusammenhang steht - mit Ausnahme des Grundurteils (des Grundsatzes, des Axioms), das formal von allen anderen Sätzen derselben Wissenschaft dadurch unterschieden ist, dass es in dieser Wissenschaft zwar unmittelbar oder mittelbar Deduktionsgrund aller anderen Urteile ist, selbst aber in derselben nicht begründet werden kann – sonst wäre es nicht das **Grund**urteil.

Die systematische Form allein aber ist unzureichend, da eine solche auch ein Wahnsystem haben könnte – die systematische Form muss „Etwas" (einen **Gegenstandsbereich** oder **Inhalt**) enthalten, das wissbar ist und in gewisser Weise tatsächlich gewusst wird. Da es einerseits kein Sein „außerhalb" des Bewusst-Seins geben kann, muss dieser Inhalt bereits gewusst werden, doch so, dass er weiterbestimmbar (wiss**bar**) bleibt – denn andererseits wird dieser Inhalt ja erst durch die systematische Form **als** Wissen ausgewiesen. Einfacher: Der Inhalt muss bereits im Alltagswissen vorhanden sein. Ferner: Da der Grundsatz jeder Wissenschaft der jeweils einzige in ihr unableitbare Satz, d.h. nicht durch ihre systematische Form bestimmt, ist, ist der Grundsatz immer zugleich jenes Urteil, das den Gegenstandsbereich einer Wissenschaft definiert. Da es mehrere Wissenschaften gibt – worauf noch näher eingegangen wird -, muss jede Wissenschaft einen **eigenen** Gegenstandsbereich und daher einen **eigenen** Grundsatz haben.

Fasst man die beiden ersten Postulate zusammen, so fordern sie, dass wissenschaftliches Wissen die systematische Weiterbestimmung von Alltagswissen sein solle. Für die Gewinnung und Verknüpfung jener systematischen Erkenntnisse über denselben Gegenstandsbereich ist eine je spezifische Vorgangsweise nötig – die **Methode** oder **Form** der Wissenschaft. Nur wenn die Methode (Form) dem Gegenstandsbereich (Inhalt) adäquat ist, kann ein **widerspruchsfreies** System erstellt werden.
Die Begründung dieser Postulate ist Aufgabe der Philosophie.

Einzelwissenschaften und Wissen(schaft)stheorie (Philosophie)

Der bisher mehrfach angesprochene Unterschied innerhalb des wissenschaftlichen Wissens zwischen Einzelwissenschaften und Philosophie muss nun ausgeführt, ferner eine Begründung der oben aufgestellten Postulate versucht werden.

Als **Einzelwissenschaften** sollen all jene Urteilsmengen gelten, die den drei genannten Postulaten genügen und einen Bereich des Alltagswissens so zum „Gegenstand" haben, dass sie seine Bewussheit **nicht ausdrücklich mitreflektieren** – d.h. für sie gelten ihre Inhalte unreflektiert als „Sein".

Soll wissenschaftliches Wissen aber eine Wahrheits**begründung** leisten, so muss es eine **Sonder**wissenschaft geben, die erstens diese drei Postulate erfüllt – sonst wäre sie gar keine Wissenschaft – und zweitens sowohl das Verhältnis Alltagswissen / wissenschaftliches Wissen als auch das Verhältnis Bewusst-Sein / Wahrheit untersucht.

Diese Wissenschaft ist ausdrücklich **reflexiv**, d.h. thematisiert **alle** Arten des Wissens, somit auch sich selbst. Daher kann man diese Sonderwissenschaft als **Wissenstheorie** bezeichnen; heute hat sich zwar eher der Terminus „Wissenschaftstheorie" durchgesetzt, doch dürfte dieser zu eng sein, eben weil hier nicht nur wissenschaftliches Wissen, sondern auch Alltagsbewusstsein thematisiert wird. Im Anschluss an KANT und FICHTE kann man diese Sonderwissenschaft auch **Transzendentalphilosophie** nennen. KANT bezeichnet eine Erkenntnis, die sich nicht auf Gegenstände, sondern auf die Erkenntnis der Erkenntnis von Gegenständen richtet, als transzendental (KdrV, A 12, B 25): „Ich nenne alle Erkenntnis transzendental, die sich nicht sowohl mit Gegenständen, sondern mit unserer Erkenntnisart von Gegenständen, sofern diese a priori möglich sein soll, überhaupt beschäftigt."

Eine andere heute übliche Bezeichnung ist **Metatherorie**, also Theorie der Theorien. Das impliziert folgende Aufgaben:

> ➤ Gegenüber dem **Alltagswissen** hat Philosophie die Aufgabe, die möglichen Gegenstandsbereiche des Wissens festzustellen und dass diese Gegenstandsbereiche nur durch konkretes Erfahren und Handeln (weiter)bestimmbar sind. Konkretes Erfahren und Handeln erweisen sich somit als **Grenze** der Wissenstheorie – m.a.W.: **der Inhalt wirklichen Erfahrens und Handelns ist philosophisch nicht deduzierbar.**

> ➤ Gegenüber den **Einzelwissenschaften** muss Philosophie zeigen, dass ihre Gegenstands-bereiche durch freies wissenschaftliches Forschen **weiter**bestimmbar sind.

> ➤ Gegenüber sich selbst muss Wissenstheorie den Postulaten und Wissenschaftlichkeit genügen und sie als sinnvoll ausweisen. Dazu muss sie:

> > – Einerseits das System des menschlichen Wissens in seiner Formalstruktur (d.h. die notwendigen Arten des Wissens) aus einem **absoluten** (d.h. von keinem anderen Wissen abhängigen) Grundsatz ableiten; hierbei muss ihre Methode transzendental sein, weil sie nicht Inhalte, sondern Erkenntnisweisen von Inhalten thematisiert.

- Andererseits muss sie die Relation von Bewusst-Sein / Wahrheit klären: Auch für diese Aufgabe muss ihr Grundsatz absolut, sich selbst als wahr begründend, sein. Dieses Selbstbegründungsverhältnis wurde oben als **genetische Evidenz** bezeichnet.

Die einzige Voraussetzung, die dabei gemacht werden darf, aber auch muss, ist, dass es **eine Wahrheit** gebe – diese Voraussetzung ist, wie selbst evident, nicht beweisbar, weil jeder Wahrheitsbeweis bereits Wahrheit uneinholbar voraussetzt. Die Philosophie muss diese von ihr gemachte Voraussetzung durch ihre Denkschritte erklären: „Es gebe **Wahrheit**, die allein wahr sei, und alles andere außer ihr unbedingt falsch; und diese Wahrheit lasse sich wirklich finden und leuchte unmittelbar ein, als schlechthin wahr" (FICHTE, W.L- 1804, 2.Fassung, 90).

Das transzendentalphilosophische Denkmodell im Anschluss an KANT und FICHTE

Die Philosophie stellt den Anspruch, Gesamtwirklichkeit, also auch deren Bewusstheit, zu begründen, ohne selbst in einer anderen Wissenschaft begründet zu sein - sonst käme man in den Regress. Daher muss ihr Axiom (ihr Grundurteil) ein **Selbstbegründungverhältnis** sein.

Diese Erkenntnis hatten bereits AUGUSTINUS (zuerst in zuerst in Soliloquia I 7, 5-7) und DESCARTES (besonders in Meditationes de prima philosophia): Bei jeder mir möglichen Tätigkeit, auch der des Zweifelns, bin ich mir bewusst,

- ➢ **dass** ich denke oder handle, also meiner Tätigkeit und somit meiner Existenz, und
- ➢ **was** ich denke oder handle, also des Inhalts meiner Tätigkeit.

Dieses aus allen mir möglichen Tätigkeiten isolierbare Wissen ist die **Ichgewissheit.**

Diese Ichgewissheit ist als Basis der Philosophie besonders geeignet (vgl FICHTES W.L FICHTEs W.-L 1794)

Sie ist unbezweifelbar **gewiss.**

- ➢ Sie ist (ideale, d.h. wissensmäßige) **Selbstbegründung** („genetische Evidenz"), weil aus keinem anderen Wissen ableitbar. Vielmehr wird umgekehrt jeder Bewusstseinsinhalt erst zu **meinem** Wissen, weil ich mir meiner selbst gewiss bin.

> Sie ist **Einheit** von **Denken und Sein**: Ich denke, weil ich bin – und ich weiß, dass ich bin, weil ich denke.

> Sie ist **Einheit** von **Allgemeingültigkeit und Individualität**: Jeder Mensch kann zu sich „Ich" sagen, aber eben nur zu sich.

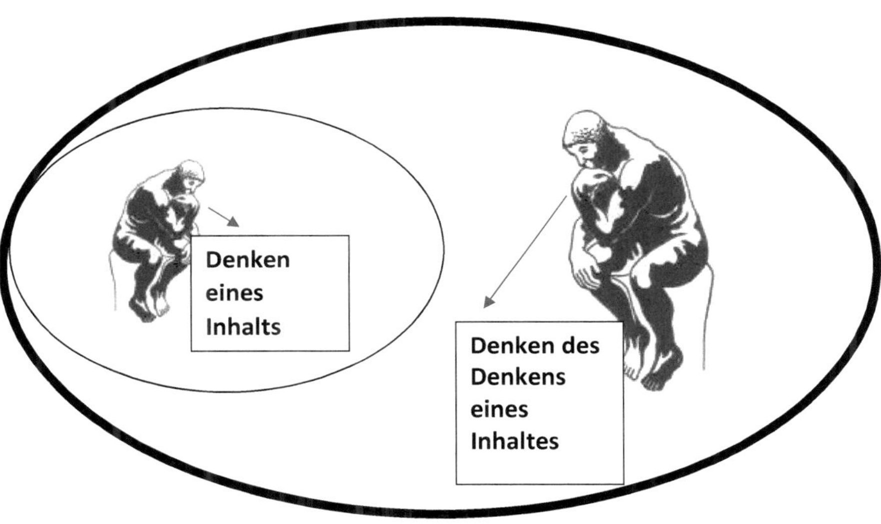

Diese Ichgewissheit ist aber **nicht** ein konkretes Ich – was zur Konkretisierung der Ichgewissheit gehört, muss erst abgeleitet werden. Wie wird aus der abstrakten Ichgewissheit ein konkretes Ich?

Das Konkretwerden ist immer ein Sich-Bestimmen, Sich-Begrenzen. Diese Begrenzung der Aktivität kann nur durch ihr Gegenteil, durch Nicht-Aktivität oder ein **Nicht - Ich**, durch eine **Gegenstandswelt**, erfolgen: In jeder Aktivität, in der sich Ichgewissheit als bestimmtes Ich im Erkennen und Handeln konkretisiert, muss sie zugleich dessen Gegenteil voraussetzen - die unbestimmte Ichgewissheit bestimmt sich als konkretes Ich immer nur in Auseinandersetzung mit Gegenständen, die seiner Aktivität Wider-stand entgegenstellen. Damit entsteht ein (scheinbarer) Widerspruch: Ichgewissheit konkretisiert sich nur als bestimmtes Ich, indem es sein eigenes Gegenteil voraussetzt. Dieser Widerspruch ist (zunächst) nur dahingehend zu lösen, dass das Ich die Grenze zum Nicht-Ich immer weiter hinausschiebt, d.h.

- ➤ im Alltag immer weiter handelt,
- ➤ in den Einzelwissenschaften immer weiter forscht,
- ➤ in der Philosophie sich widerspruchsfrei als Prinzip alles Wissens ausweist: Dies ist möglich, weil die Forderung, dass alles Wissen im Ich begründet sein soll, selbst widerspruchsfrei im Ich begründbar ist. Dieser Grundsatz ist zugleich das Beurteilungskriterium anderer Denkmodelle: Gestattet deren Grundsatz keine widerspruchsfreie Selbstanwendung, müssen sie als Ideologie gelten (worauf noch ausführlicher eingegangen wird).

Diese **Grenzerweiterung** des Ich gegenüber dem Nicht-Ich ist also **unendliche Aufgabe:** Ichgewissheit kann sich nur dadurch konkretisieren, zum konkreten Ich werden, wenn es sich erkennend und handelnd mit der ihm vorausgesetzten Gegenstandswelt auseinandersetzt. Lassen wir zunächst die Frage offen, woher diese Gegenstandswelt stammt - diese Frage wird uns noch beschäftigen -, und überlegen eine andere Frage: Wie kann das Ich sich einer Gegenstandswelt gegenüber erkennend und handelnd verhalten, wenn diese Gegenstandswelt ein **totaler Gegensatz** zum Ich, wenn sie ein **Nicht-Ich**, ist?

Es müsste sich etwas finden lassen, was zwischen Ich / Nicht-Ich **vermittelt**: dieses Medium ist mein **Körper**. Er ist

- ➤ einerseits - als ein in Raum und Zeit erscheinender Gegenstand - ein Nicht-Ich,
- ➤ andererseits aber ein solches, auf das das Ich **unmittelbar** wirken kann. Diese Unmittelbarkeit unterscheidet **meinen** Körper von allen anderen Gegenständen, zu denen ich nur **mittels** meines Körpers in Beziehung treten kann.

Damit das abstrakte Ich sich also konkretisieren kann, braucht es nicht nur eine Gegenstandswelt, sondern auch einen Körper: Konkretes Ichbewusstsein schließt notwendig Gegenstands- und Körperbewusstsein ein.

Damit ist aber die Frage, wie das abstrakte Ich sich konkretisieren bzw. wie es die Gegenstandswelt verändern kann, erst teilweise gelöst. Denn es zeigt sich ein weiterer scheinbarer Widerspruch: Um Gegenstände realiter verändern, d.h. handeln, zu können, muss das Ich diese **zuvor** erkannt haben - und um sie erkennen zu können, muss es **zuvor** realiter auf sie eingewirkt haben, da es nur so ihre Wider-stand erfahren kann (bei Kindern ist diese "handgreifliche" Art des Erkennens noch sehr gut beobachtbar). Wir müssen ein zwischen beiden Momenten vermittelndes Bewusstsein finden, das beide Bewusstseinsarten (Gegenstands- und Handlungsbewusstsein) in sich vereint. Ein solches vermittelndes Wissen ist das Verstehen einer **Aufforderung**, die den Aufgeforderten zwar einerseits zu einem bestimmten Inhalt auffordert und insofern Gegenstandsbewusstsein ist, andererseits aber ihn freilässt, ob er dieser Bestimmung nachkommen will oder nicht und insofern Handlungsbewusstsein ist.

Der Grund einer solchen Aufforderung rechnet bei seinem Gegenüber auf Erkenntnis- und Handlungsfähigkeit, muss also selbst erkenntnis- und handlungsfähig sein - also ein **Du**. Ichbewusstsein setzt also auch **Mitmenschen** voraus, der Mensch kann nur unter Menschen zum Menschen werden.

Wie Ichgewissheit Basis aller Wissenschaft ist, soll zunächst knapp skizziert, im Anschluss daran dann für (Religions)Philosophie und Theologie näher ausgeführt werden.

- ➢ Reflektiert man darauf, dass Ichgewissheit zwar eine ideale (erkenntnismäßige, weil aus keiner anderen Erkenntnis ableitbare) Selbstbegründung darstellt, aber nicht zugleich eine reale (das Ich schafft weder sich selbst noch das Nicht-Ich), kommt man auf eine Letztbegründung der Ichgewissheit in einem **absoluten Ich (GOTT)** ➔ **Religionsphilosophie** und **Theologie.** Dies wird noch näher ausgeführt.

- ➢ Reflektiert man auf die notwendigen Bewusstseinsstrukturen (auf die formalen Gesetzmäßigkeiten jedes Denkens) erhält man die ➔ **Formalwissenschaften (Philosophie, Logik, Mathematik** – wobei ich in diesem Rahmen die Frage offenlasse, ob Mathematik eine synthetische oder analytische Wissenschaft ist).

- ➢ Reflektiert man auf die drei Bereiche, die das Ich sich voraussetzen muss, um sich als Ich konkretisieren zu können – Gegenstandswelt, Körper, Mitmenschen-, erhält man die ➔ **Materialwissenschaften** oder **Einzelwissenschaften** in ihrer zweifachen Methodik: Da diese drei Bereiche durch das Ich bestimm**bar** sind, sind sie

- – einerseits als dem Ich vorgegeben zu betrachten ➔ **naturwissenschaftlicher Methodentyp.**

– andererseits als durch das Ich modifiziert und immer weiter modifizierbar zu betrachten ➔ **geisteswissenschaftlicher Methodentyp.**

Beide Methodentypen sind aufeinander bezogen – nicht ihre Inhalte sind verschieden, sondern die Betrachtungsweise ihrer Inhalte. So kann man z.B. einen Obstbaum in seiner natürlichen Gewordenheit betrachten, aber auch in seiner wirtschaftlichen Verwertbarkeit. Daher ist auch der Unterschied von Natur- und Geisteswissenschaften kein starres Entweder – Oder, sondern die meisten Materialwissenschaften kombinieren beide Methodentypen – trotz der grundsätzlich berechtigten Unterscheidung.

Diese Korrelation zeigt sich in der Zusammenarbeit von Wissenschaften – z.B. ist Archäologie primär eine kulturwissenschaftliche Gegenstandswissenschaft, benötigt aber zum Datieren und Konservieren von Objekten naturwissenschaftliche Gegenstandswissenschaften; Medizin ist primär eine naturwissenschaftliche Individualwissenschaft, braucht aber besonders in der Psychiatrie eine Sonderform der hermeneutischen Methode; Geographie kann die Erde betrachten, wie sie von Natur aus ist („physische Geographie") und wie sie Menschen verändern („ökonomische Geographie") etc.

Die Philosophie kann nur die apriorische Grundstruktur dieser Wissenschaften ableiten, die empirische Weiterbestimmung dieser Grundstruktur fällt in einzelwissenschaftliche Kompetenz. Damit ergibt sich eine Selbstbeschränkung der Philosophie gegenüber den Einzelwissenschaften: Empirie ist nicht a priori deduzierbar, nur die Möglichkeitsbedingungen von Empirie, d.h. die Axiome der Einzelwissenschaften dürfen nur in diesen vorausgesetzt werden, von der Philosophie müssen abgeleitet werden: Die Philosophie liefert also den apriorischen Rahmen der Einzelwissenschaften, die Einzelwissenschaften füllen diesen Rahmen durch empirische Erkenntnisse.

Glaube / (Religions)Philosophie / Theologie

Die Ableitung der Basis der Einzelwissenschaften ergab sich daraus, dass wir überlegten, was alles vorausgesetzt werden muss, damit die Ichgewissheit sich konkretisieren kann. Da Ichgewissheit sich in jedem Menschen konkretisiert, muss es diese notwendigen Voraussetzungen geben. Woher aber stammen sie, wenn die Ichgewissheit sie offenkundig nicht schafft, sondern nur weiterbestimmt? Diese Frage führt hin zur Frage nach **GOTT** und damit zu Religionsphilosophie und Theologie.

Auch der Grundsatz der Religionsphilosophie und Theologie muss sich durch eine Weiterbestimmung der Ichgewissheit ergeben, weil Ichgewissheit die Basis **alles** Wissens sein muss. Zwei wesentliche Aspekte blieben noch offen:

> ➢ Erstens die Beziehung der Ichgewissheit zur **Wahrheit**;
> ➢ zweitens die Frage, woher die für die konkrete Tätigkeit des Ich vorauszusetzenden Bereiche - **Körper, Gegenstandswelt, Mitmenschen** - stammen.

Wir knüpfen nach der Frage der Relation von Ichgewissheit / Wahrheit an, weil die Herkunft von Körper, Gegenstandswelt und Mitmenschen ja bisher nicht klären konnten

> ➢ Ichgewissheit erwies sich als Evidenz (unmittelbare Gewissheit) eines **Selbstbegründungsverhältnisses** und ist **insofern** mit Wahrheit **identisch**: Denn wie die Erkenntnis, dass Ich Ich bin, aus keiner anderen Erkenntnis begründet werden kann oder muss, kann auch Wahrheit nur in sich selbst begründet sein - Wahrheit kann ja nicht beweisbar sein, da jeder Beweis Wahrheit bereits voraussetzt. Wahrheit ist nur indirekt beweisbar, weil, wenn es keine Wahrheit gäbe, nicht zwischen wahr / falsch unterschieden werden könnte, Wissen somit unmöglich wäre. Da es aber Wissen gibt, muss es Wahrheit geben. Kurz: Ichgewissheit und Wahrheit sind beides **geistige Selbstbegründungsverhältnisse.**
> ➢ Als bestimmtes Wissen neben anderen Arten des Wissens und als nur geistige Selbstbegründung ist Ichgewissheit mit Wahrheit **nicht identisch**: Da Wahrheit **alle** wahren Erkenntnisse bewahrheitet, kann sie nicht selbst als bestimmte Erkenntnis **neben** anderen Erkenntnissen stehen, sondern ist, gegenüber der Vielheit wahrer Erkenntnisse, **absolute Einheit und Voraussetzung.** ➔ Wie muss Wahrheit beschaffen sein, damit sie alle Erkenntnisse bewahrheiten kann?
> - Wahrheit kann nur dann sich selbst und alles Wahre bewahrheiten, wenn sie keine bloß denkerische Selbstbegründung ist. Die Selbstbegründung des Ich ist ja eine bloß denkerische, ein nach-schaffende: Wenn das Ich, von allen Inhalten abstrahierend, auf sich selbst reflektiert, dann ist es sich seiner Existenz gewiss; das

Ich schafft durch diese Reflexion seine Existenz nicht, sondern macht sich diese nur bewusst. Und weil das Ich bloß nachschaffend ist, kann es Vorgegebenes auch verfehlen, also falsch denken und / oder handeln.

- Wenn das Ich einen Letztgrund für seine Existenz sucht (was es nicht muss!), dann muss es notwendig einen absoluten Grund voraussetzen, d.h. eine Selbstbegründung, die **ideal und real zugleich** ist, die also **im Erkennen schafft und im Schaffen erkennt** – einen solchen absoluten Grund nennen wir traditionell **GOTT**: eines allein wäre zu wenig - ein bloß ideales Schaffen, ein denkerisches Nach-Schaffen, würde GOTT auf die Ebene der Ichgewissheit stellen, die reale Herkunft von Ich / Nicht-Ich bliebe offen, ebenso die Möglichkeit der Bewahrheitung; ein bloß reales Schaffen (wie es alle materialistischen Weltanschauungen unterstellen) würde GOTT auf die Ebene des Nicht-Ich stellen, das Moment der Bewusstheit bliebe offen. Denn jeder Versuch, Bewusstsein aus Sein abzuleiten, ist zum Scheitern verurteilt, weil jedes Sein, das man als Ableitungsbasis wählen würde, bereits **bewusstes** Sein sein muss - von einem unbewussten Sein kann man per definitionem nichts wissen, daher auch nichts daraus ableiten. Es bleibt also dabei: Wenn das Ich sich einen Grund voraussetzen will, muss es ein absoluter (ideal und real schaffender) Grund sein.

Der Grundsatz der Religionsphilosophie könnte daher so formuliert werden: **Ichgewissheit** als ideale Selbstbegründung (= als Nachschaffen) ist **Abbild GOTTES** als absoluter Selbstbegründung (= als absolutem Schaffen). Als Abbild muss sie

➢ mit ihrem Urbild, mit GOTT, etwas gemeinsam haben (sonst wäre sie nicht Sein Bild) - die ideale Selbstbegründung -,

➢ aber auch von Ihm verschieden sein (sonst wäre sie das Urbild selbst) - **nur** ideale und nicht zugleich reale Selbstbegründung zu sein.

Gegenstand der Religionsphilosophie und Theologie ist daher **nicht** GOTT selbst - denn Er ist unerkennbar -, sondern das **Verhältnis** GOTT-Mensch!

Glaube als Bildgewissheit ist das höchste Wissen, zu dem der Mensch **von sich aus** gelangen kann Nun kann der Mensch aber von sich aus diese Relation nicht inhaltlich bestimmen, da er Bestimmungen nur aus dem Bereich sinnlicher Erfahrung entlehnen könnte. **Soll** (Freiheit also auch aufseiten GOTTES!) dieses Verhältnis inhaltlich bestimmt werden, so müsste dies **von GOTT her** geschehen - hier wird der Sinn einer besonderen (geschichtlichen) **Offenbarung** über die Bildgewissheit (d.h. über den Vernunftglauben) hinaus deutlich. A priori abgeleitet werden kann also nur Sinn und logischer Ort von besonderer Offenbarung, nicht aber ihre Inhalte, die konkret in der **Geschichte** gegeben werden müssen. „Dieselbe heilige Mutter Kirche hält fest und lehrt, dass GOTT, der Ursprung und das Ziel aller Dinge, mit dem natürlichen Licht der menschlichen Vernunft aus den geschaffenen Dingen gewiss erkannt werden kann; ...jedoch hat es Seiner Weisheit und Güte gefallen, auf einem anderen und zwar übernatürlichen Wege Sich Selbst und die ewigen Ratschlüsse Seines Willens dem Menschengeschlecht zu offenbaren ...“ (DH 3004).

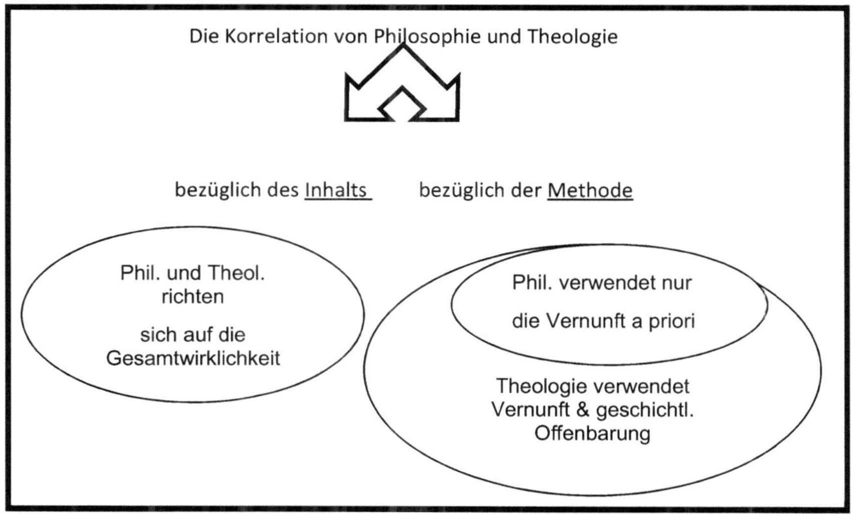

1.2.1 Die ideologische, also verkürzte und verzerrte, Wirklichkeitsdeutung

Hatte es schon innerhalb des Deutschen Idealismus zwei unterschiedliche Richtungen gegeben, die Transzendentalphilosophie KANTs und FICHTEs und die Identitätsphilosophie SCHELLINGs und HEGELs, so zerfiel nachher das philosophische Denken (die „philosophia perennis") in zahlreiche Denkmodelle - eine **Zersplitterung**, die bis heute andauert. Ein weiteres Kennzeichen dieser uneinheitlich gewordenen Philosophie - und letztlich damit zusammenhängend - ist, dass sie **ideologisch** wird, d.h. nicht mehr Gesamtwirklichkeit erfasst, sondern die Interpretation einer **Teilwirklichkeit** für die der **Gesamtwirklichkeit** ausgibt, worauf gleich ausführlicher eingegangen wird. Dafür erlebten die Einzelwissenschaften in der 2.Hälfte des 19.Jhs. einen bedeutenden Aufschwung, sowohl die **Natur-wissenschaften**, verbunden mit Technik und Industrieller Revolution, als auch die **Geisteswissenschaften**, die zum Historismus und damit zum Relativismus führten. Im 20.Jh. wurde die einzelwissenschaftliche Euphorie immer mehr durch die Einsicht in die Grenzen und in die Verantwortung der Einzelwissenschaften verdrängt, verbunden mit der Offenheit für eine philosophische Deutung von Gesamtwirklichkeit - aber eine solche allgemein anerkannte Deutung blieb bislang aus.

"**Ideologie**" ist zu einem Modeschimpfwort zwischen einander widersprechenden Weltanschau-ungen geworden. Will man die Entscheidung für bzw. gegen eine Weltanschauung nicht ganz der Subjektivität anheimstellen, muss man für eine solche Entscheidung Gründe suchen.

Der Mensch als instinktreduziertes Wesen muss seine Erkenntnisstruktur erst aufbauen. Um dies möglichst rationell erreichen zu können, hat er einen natürlichen Hang, bewährte Erkenntnisse auf andere Bereiche auszudehnen. Wo dies begründet geschieht, spricht man von "Transfer". Geschieht diese Erkenntnisübertragung aber zu Unrecht, spricht man von **"Vorurteil"**. Vorurteile sind daher oft gar nicht leicht durchschaubar, weil das ihnen zugrundliegende Urteil richtig war und nur seine **Verallgemeinerung unbegründet** ist.

Eine solch **unbegründete Verallgemeinerung** kann aber auch auf wissenschaftlichem Gebiet geschehen - und eine solche wollen wir als **Ideologie** bezeichnen. Eine Ideologie liegt also in unserem Verständnis dann vor, wenn ein Denkmodell, das eine **Teilwirklichkeit** richtig erklärt, für eine Erklärung der **Gesamtwirklichkeit** ausgegeben wird. Auf der Tatsache, dass die Ideologien eine Teilwirklichkeit richtig erklären, beruht ihre **Gefährlichkeit** - nämlich dann unhinterfragt für eine Erklärung der Gesamtwirklichkeit gehalten zu werden. Allerdings muss es Motive dafür geben, dass diese falsche Verallgemeinerung von weiten Kreisen akzeptiert wird, was erklärt, warum nicht alle Ideologien gleichermaßen geschichtsmächtig wurden. Eine akzeptierte Ideologie zeigt - meist recht massive - praktische Auswirkungen.

Ideologien sind also verkürzte und daher verzerrte Wirklichkeitsauffassungen.

Es sind vor allem **drei Ideologien,** die in der 2. Hälfte des 19. Jhs. entstanden sind, aber ihre Auswirkungen erst im 20.Jh zeigten und, wie ich fürchte, noch im 21. Jh. nachwirken. Einzelwissenschaften sind, wie bereits erwähnt, dadurch definiert, dass sie sich auf die Erklärung eines **Teil**bereichs der Gesamtwirklichkeit beschränken, was sich in der Definition ihres Axioms zeigt.

Naturwissenschaften beschränken sich auf den sinnlich wahrnehmbaren und daher empirisch erforschbaren Bereich der Gesamtwirklichkeit. Sie werden ideologisch, sobald sie aufgrund ihrer Selbstbeschränkung empirische Wirklichkeit mit Gesamtwirklichkeit gleichsetzen – die Ideologie des **Positivismus** mit zahlreichen Unter-Richtungen.

Die Naturwissenschaft **Biologie** erforscht jenen Teil der empirischen Wirklichkeit, der „lebendig" ist. Biologie wird ideologisch, sobald sie die Besonderheit vernunftbegabter Organismen ausschließlich biologisch zu erklären versucht – der Mensch ist dann **nicht auch, sondern nur** ein nackter Affe. Das ist die Basis der NS-Ideologie.

Die **(National)Ökonomie** beschäftigt sich mit dem wirtschaftlichen Handeln des Menschen. Sie wird ideologisch, sobald sie den Menschen ausschließlich von seinen sozio-ökonomischen Bedingungen her zu erklären versucht. – Ideologie des **Marxismus.**

Seit Ende des Ersten Weltkriegs und der willkürlichen Aufteilung der Länder des Nahen Ostens ist auch die Ideologie des radikalen **Islam** entfacht.

Die Beurteilung, ob eine Weltanschauung ideologisch ist, obliegt der Ideologiekritik, die ein Teilbereich der Philosophie ist. Die genannten Ideologien werden im Abschnitt 4 ausführlicher behandelt.

1.2.2. Die Kunst als Versinnlichung des Geistigen

Der zweite Bereich, den wir von den Griechen übernommen haben, ist die **Kunst.** Ich beginne mit einer einfachen Frage: Warum können Menschen bestimmte Natur- und Kunstgegen-stände **als schön bewerten?** (ausführliche behandelt in KANTs KdU)

Im Tierreich sind die Auslöser von bestimmten Instinktabläufen (die „Schlüsselreize") etwas Seltenes (in Farbe, Form etc.), da andernfalls die Reaktionen dauernd ablaufen würden. Da beim Menschen von Natur aus Auslöser und Instinkte entdifferenziert sind – wir reagieren nicht automatisch auf Reize - , der Charakter der Seltenheit und Auffallendheit natürlicher Auslöser aber bestehen bleibt, gibt es für ihn nur „Auslöser überhaupt", d.h. Dinge, die vor anderen Dingen eine triebunabhängige positive Bewertung als schön erfahren (**Naturschönes**). Sekundär kann dieses ästhetische Wohlgefallen auch zu einer spezifischen Handlungsweise führen, nämlich zur Produktion schöner (nicht durch andere Interessen bestimmter) Gegenstände (**Kunstschönes**).

Nun ist es für den Menschen durchaus möglich, beim ästhetischen Genuss von (Natur- oder Kunst-) Schönem stehen zu bleiben. Wenn dies fallweise gleichsam zur Entspannung geschieht, ist dagegen sicher nichts einzuwenden – als Dauerhaltung wäre ein ästhetischer Genießer unfähig, seiner sittlich-religiösen Bestimmung nachzukommen, als **Bild GOTTES** zu leben – auf diesen religiösen Aspekt gehen wir noch mehrmals ein. Das Schöne fördert also nur dann die Bestimmung des Menschen, wenn es **irdisches Bild für Geistiges,** also **Symbol,** ist.

Nach biblischer Überzeugung hat GOTT die Schöpfung aus dem Nichts geschaffen (2 Makk 7,28) – seit AUGUSTINUS philosophisch begründet (Conf. XII): Da es außer GOTT nicht gibt, konnte GOTT, wenn Er etwas mit Sich Nicht-Identisches schaffen wollte, nur aus dem Nichts schaffen. Wenn Er aber aus dem Nichts schafft, bedeutet Schöpfung **Teil-Gabe** an Seinem Sein, und zwar in abgestufter Form, wodurch eine ontologische Schöpfungsordnung entsteht, was drei wesentliche Konsequenzen hat:

> ➢ Vonseiten GOTTES bedeutet dies, dass jedes Geschöpf nur dadurch existiert, dass GOTT ihm Anteil an Seinem Sein gibt. Dadurch ist jedes Geschöpf „Bild" GOTTES oder ein Symbol, das zugleich auf

GOTT hinweist, zugleich Ihn partiell repräsentiert: GOTT ist in jedem Geschöpf gegenwärtig, geht aber nicht in der Schöpfung auf.

➢ Der Mensch aber soll in besonderer Weise Bild GOTTES: Einerseits ist jedes Geschöpf, also auch der Mensch, Bild GOTTES, weil er sonst Nichts wäre: jedes Geschöpf existiert nur durch die Teilhabe an GOTTES Sein. Andererseits ist der Mensch das einzige uns bekannte Geschöpf, das sich als Bild GOTTES weiß und daher als Bild GOTTES leben soll: so zu leben, dass durch sein Leben GOTTES Liebe in der Schöpfung erlebbar wird. Dazu gehört die Anerkennung der gottgegebenen Schöpfungsordnung, die für vernunftbegabte Wesen eine sittlich-religiöse Aufgabe darstellt – konkret: GOTT den Vorrang vor allem anderen einzuräumen („Du sollst GOTT lieben …“: Dtn 6,4), dann den Menschen, dann die Tiere, etc. Jedenfalls steht der Mensch grundsätzlich in dem **Spannungsverhältnis, Bild GOTTES zu sein und immer mehr werden zu sollen.**

Für die Erfüllung dieser Grundbestimmung des Menschen, Bild GOTTES zu sein, **kann** das Schöne hilfreich sein.

➢ Inwiefern **hilfreich**? Als Bild GOTTES soll der Mensch den Willen GOTTES leben, der Wille GOTTES äußert sich im Menschen über das Gewissen in Idealen, also als etwas, was so in der Welt noch nicht verwirklicht ist und gerade durch diesen Menschen verwirklicht werden soll. Es lassen sich aber zwei Arten von Idealen unterscheiden: bestimmte Ideale, die direkt im Handeln umgesetzt werden können und sollen („Du sollst jetzt diesem konkreten Menschen helfen“ – ein Blinder, den ich über die Straße führen soll, hat nichts davon, wenn ich das nicht tue, aber darüber eine Symphonie komponiere). Und **(noch) unbestimmte Ideale**, die zwar nicht direkt im Handeln verwirklicht werden können, die aber gleichsam Leitsterne unseres Handelns sein sollen – etwa Weltfriede, weltweite soziale Gerechtigkeit, Bewahrung und Wieder-herstellung der Umwelt. Um sie uns bewusst zu machen und zu halten, brauchen wir **Symbole**, irdische Bilder des Überirdischen, letztlich des Willens GOTTES (KdU, Von der Schönheit als Symbol der Sittlichkeit, A 251 ff., B 254 ff.). Symbole sind daher in **Kunst, Sittlichkeit und Religion** unverzichtbar. Die heute oft vertretene Meinung (am bekanntesten: PIAGET J., Nachahmung, Spiel, Traum. Die Entwicklung der Symbolfunktion beim Kinde, Stuttgart 1969), symbolisches Denken könne im Entwicklungsprozess lückenlos durch rationales Denken ersetzt werden, übersieht, dass der geistige Bereich für uns nur formal

(Philosophie) oder symbolisch (Kunst, Moral, Religion) darstellbar ist – d.h. die Behauptung einer lückenlosen Ablösung des symbolischen Denkens durch das rationale schließt, durchschaut oder undurchschaut, die Beschränkung von Wirklichkeit auf empirische Wirklichkeit ein.

> Inwiefern **kann** das Schöne in Natur und Kunst nur hilfreich sein, muss es aber nicht? Ich habe schon erwähnt, dass der Mensch beim ästhetischen Genuss stehen bleiben kann – das würde sein Handeln lähmen. Diese Gefahr besteht beim Natur- und Kunstschönen. Beim Kunstschönen aber besteht m. E. eine weitere Gefahr, die erst in unserer Zeit deutlich wird, weil sich die Kunst zunehmend von der Religion abkoppelt. Wenn Kunst nicht irdische Realität bloß abbildet, sondern Symbol für den geistigen Wirklichkeitsbereich, also letztlich Symbol von Idealen, ist – was symbolisiert sie, wenn Wirklichkeit auf materielle Wirklichkeit beschränkt wird? Bleibt dann nicht nur der Negativbereich, der Schatten, das Dämonische? Sind vielleicht deshalb viele moderne Kunstwerke so schockierend, so ekel- und furchterregend?

Aufgrund der Symbolfunktion der Kunst kann diese, losgekoppelt vom Geistigen, also letztlich von Religion, auch als Umerziehung zu einer Vernichtung von Wertvorstellungen missbraucht werden, wie das unter kulturmarxistischem Einfluss heute weltweit geschieht. Gleichgültig, ob in der bildenden oder darstellenden Kunst, in der Musik oder in der Literatur werden Ideale in den Schmutz gezogen und das Hässliche, Ordinäre, Böse verherrlicht. Und ein lethargisch gewordenes Bürgertum schaut zu und beklatscht das auch noch.

Ich bringe dafür drei Beispiele aus der Gegenwart – natürlich gäbe es dazu viel mehr.

DICKENs Christmas Carol wurde mehrmals verfilmt, die früheren Fassungen hielten sich stark an das berührende Original. Die allerneueste Verfilmung „verbesserte" zeitgemäß durch Einfügung von der political correctness entsprechenden Figuren bzw Szenen: Bis auf den positiven Schluss, den man doch nicht ändern konnte, war alles düster und mit allen „modernen" Themen, die im Original nicht vorkommen, überfrachtet: Die Frau von Bob Cratchit ist eine Farbige (! – das Stück wurde um 1850 verfasst!), die zum Ehebruch veranlasst wird, der Internatsleiter des Kindes Scrooge ist ein Pädophiler, der Sohn eines im Bergwerk von Scrooge Verunglückten pinkelt am Anfang und am Ende auf Scrooges Grabstein etc.

Ein zweites Beispiel wäre die Umfunktionierung des tragischen Hofnarren RIGOLETTO zum Circusclown bei den Bregenzer Festspielen 2019.

Ein weiteres Beispiel ist die berühmte (oder berüchtigte) Inszenierung des Fliegenden Holländers von Harry KUPFER: SENTA und der Holländer erlösen einander nicht durch ihren Opfertod, sondern die psychisch gestörte SENTA träumt alles und springt sinnlos aus dem Fenster auf die Straße. Das Erlösungsmotiv, um das WAGNER ein Leben lang gerungen hat, wird zur psychischen Krankheit.

1.3. Das Römische Recht

Der Mensch ist das einzige uns bekannte Lebewesen, das gemeinschaftsbedürftig, aber nicht automatisch gemeinschaftsfähig ist. Während Tier"staaten" automatisch, weil instinktgesteuert, funktionieren, muss der Mensch jede Form von Gemeinschaft bewusst und frei bilden. Unverzichtbare Voraussetzung dafür ist, dass zusammenlebende Menschen solche Normen anerkennen, die ein möglichst konfliktfreies Zusammenleben überhaupt erst ermöglichen - **Gesetze**. Sie müssen, eben um Gesetze zu sein, bei aller historischen und kulturellen Verschiedenheit dem einen Ziel dienen, dieses friedliche Zusammenleben von Menschen zu ermöglichen. Dieses Ziel ist daher der allgemeine Beurteilungsmaßstab ("**Rechtsgrundsatz**"), ob ein konkretes Gesetz rechtens ist oder nicht. Zur Erhaltung bzw. Wiederherstellung des Rechtszustandes bedarf es des **Staates**. - d.i. einer Rechtsgesellschaft, die erstens an der Erhaltung / Wiederherstellung des Rechtszustandes interessiert und zweitens mächtiger als die einzelnen Rechtsbrecher ist.

Dieser Rechtsgrundsatz lautet: **Alle Glieder einer Gemeinschaft müssen ihre äußere Freiheit so weit einschränken, dass sie mit der äußeren Freiheit der anderen zusammenbestehen kann** (KdrV, A 316, B 373 u.ö.; KANT vertritt damit – gegen den Rechtspositivismus – einen Naturrechtsansatz, der aber nicht (direkt) in GOTT begründet ist.

Die erste Antwort auf die Frage, nach welchem Kriterium wir unsere Handlungsstruktur aufbauen sollen, wäre demnach: Wir sollen verallgemeinerungsfähig im Sinne des Rechtsgrundsatzes handeln und den

Staat als Rechtsgesellschaft anerkennen. Da wir das aber nicht automatisch tun, erscheint uns das Gesetz als **Pflicht**, seine sprachliche Formulierung als **Imperativ** (GMS, AB 8-14).

Wer diese Pflicht nicht tut, d.h. wessen Handlung weder äußerlich noch innerlich mit dem Rechtsgrundsatz übereinstimmt, handelt **pflichtwidrig**. Wer das Gesetz äußerlich erfüllt, ohne mit ihm innerlich übereinzustimmen, handelt **legal** (pflichtmäßig). Denn es ist ja durchaus möglich, gesetzmäßig zu handeln aus Furcht vor Strafe / Wunsch nach Belohnung.

Ferner weist die Rechtsebene über sich selbst hinaus, weil ihre Sanktionsmöglichkeit begrenzt ist (Wenn alle Glieder einer Rechtsgesellschaft zum Recht gezwungen werden müssten - wer zwingt dann wen? Dies zeigt sich noch deutlicher beim Völkerrecht). Dieses Problem löst nur die **Sittlichkeit**, die vom Menschen ein **allgemeingültiges Handeln**, und zwar als Ganzheit von innerer Gesinnung und äußerer Tat, fordert. Das Sittengesetz fordert also inhaltlich nichts Neues gegenüber dem Rechtsgrundsatz: beide fordern allgemeingültiges Handeln, aber während sich das Rechtsgesetz mit der äußeren Befolgung, die erzwingbar ist, begnügen muss, fordert das Sittengesetz die Einheit von Tat und **Gesinnung**.

Formulierbar ist es etwa so: **Handle so, wie jeder Mensch an Deiner Stelle handeln müsste**. KANT nennt diese Formel **Kategorischer Imperativ** (Singular!), weil dieser kategorisch = unbedingt, d.h. ohne Rücksicht auf Vor- und Nachteile, gilt und formuliert ihn so: "HANDLE NUR NACH DERJENIGEN MAXIME, DURCH DIE DU ZUGLEICH WOLLEN KANNST, DASS SIE EIN ALLGEMEINES GESETZ WERDE" (GMS, AB 52) - was dem biblischen **"Liebe Deinen Nächsten wie Dich selbst"** entspricht. Denn allgemeingültiges Handeln bedeutet ja, sich selbst keine "Privilegien" herauszunehmen, die man anderen nicht zubilligt. Ein Wille, der dieser Forderung nach Allgemeingültigkeit entspricht, ist ein guter oder ethischer Wille.

Die genaue Unterscheidung von Recht und Ethos entwickelte sich erst neuzeitlich, Ansätze finden sich aber bereits in der Antike – etwa durch die Ergänzung der römischen Rechtssatzungen durch den mos maiorum, die ethisch und religiös tingierte Sitte der Vorväter, stärker aber in der Hl Schrift, worauf wir gesondert eingehen werden.

Da das Römische Reich die längste Reichsgründung in Europa, N-Afrika und W-Asien war, bedurfte es Regeln des Zusammenlebens der unterschiedlichen Völker und Weltanschauungen. Zwei grundlegenden Kodifikationen, das Zwölftafelgesetz (um 450 v. Chr.) am Anfang und das Corpus Iuris Civilis unter Kaiser JUSTINIAN I (um 482–565) am Ende, rahmen die Entwicklung des Römischen Rechts. Dieses ruhte auf fünf Säulen: Rechtssubjekt, Familie, Eigentum, Vertrag und Delikt. Dazu gab es ein ius gentium als Handelsrecht zwischen Völkern.

Es ist Kaiser JUSTINIANs Rechtssammlung zu verdanken, dass das Römische Recht auch nach dem Untergang des Weströmischen Reiches erhalten blieb. Dennoch drohe es im Mittelalter in Vergessenheit zu geraten, bis es die Rechtsschule von Bologna wieder aufgriff, in der Aufklärung kam das als Vernunftrecht verstandene Naturrecht zu.

Diese scheinbar harmonische und vernünftige Entwicklung wurde aber immer wieder gestört: Von der Antike bis heute stehen einander zwei Rechtskonzepte gegenüber:

- **Rechtspositivismus:** Von dem Philosophen PROTAGORAS (5.Jh.v.Chr.) stammt der Ausspruch *"Der Mensch ist das Maß aller Dinge"*. Gesetze gelten also nur deswegen, weil die jeweiligen Machthaber sie beschlossen haben – das ist eigentlich ein **Recht des Stärkeren** (dann wären etwa auch die Nürnberger Gesetze rechtens).

- **Naturrechtslehre:** GOTT (SOKRATES, THOMAS) oder die allen Menschen gemeinsame Vernunft (Aufklärung, besonders KANT) ist das Maß aller Dinge: Meine Freiheitsäußerungen enden dort, wo die des anderen beginnen (KdrV, A 316, B 373 u.ö).

Immer wieder ermöglichte der Rechtspositivismus den jeweiligen Machthabern, Gesetze für die eigene Ideologie zu missbrauchen – etwa STALINs Zwangskollektivierung, die Millionen von Bauern das Leben kostete, oder HITLERs „Endlösung" der Judenfrage. Oder auch die immer noch wirksame 68er-Bewegung, die die „Emanzipation" immer mehr ausgeweitet hat (Abtreibung, Promiskuität, Homosexualität, Pädophilie, Drogen…) und zur Durchsetzung auch Gewalt salonfähig machte. Heute ist die Gewaltentrennung und unsere Rechtsstaatlichkeit durch diese Unterwanderung der Staatsanwaltschaft und Gerichte gefährdet. Michael LEY hat in seinem Buch „Hitlers Kinder" sehr klar gezeigt, dass die Kinder von Nazis die Schuld ihrer Väter zu sühnen meinen, wenn sie extrem links sind: beide Ideologien sind einander gar nicht so unähnlich, weil beide nicht, wie ASTISTOTELES und THOMAS, den Menschen in der Spannung von Individuum und Gemeinschaftswesen sehen, sondern nur als

Gemeinschaftswesen. Damit wird die individuelle Verantwortung an eine übergeordnete Gruppe – hier eine Partei – abgegeben, was viele offenbar als entlastend empfinden, aber zu einer diktatorischen Zerstörung des Rechtsstaates führt.

Hier sollte ein Rechtshistoriker das Römische Recht, seine Entwicklung und seine Bedeutung für heute konkret abhandeln

1.4. <u>Aufklärung</u>

Als weitere Nebenwurzel Europas muss die Aufklärung in ihren verschiedenen Aspekten genannt werden.

„Aufklärung ist der Ausgang des Menschen aus seiner selbst verschuldeten Unmündigkeit. Unmündigkeit ist das Unvermögen, sich seines Verstandes ohne Leitung eines anderen zu bedienen. Selbstverschuldet ist diese Unmündigkeit, wenn die Ursache derselben nicht am Mangel des Verstandes, sondern der Entschließung und des Mutes liegt, sich seiner ohne Leitung eines anderen zu bedienen. Sapere aude! Habe Mut dich deines eigenen Verstandes zu bedienen! ist also der Wahlspruch der Aufklärung" (Immanuel KANT, Beantwortung der Frage: Was ist Aufklärung? Preußen 1784)

KANT schrieb diese berühmten Worte am Höhepunkt der Aufklärung, also in einer Epoche, in der man auf die Bildung des Intellekts **und** des Gewissens wieder größten Wert legte – wieder, weil es mit dem Ende des Römischen Reiches Schulbildung nur für die High Society oder für Ordensleute gab. Im Alten Rom wurde Bildung allen, auch Mädchen, angeboten, die es sich leisten konnten, so dass der Großteil der Freien wenigstens die Grundfertigkeiten Lesen, Schreiben und Rechnen lernte. Nur die Söhne der Wohlhabenden konnten sich weiterbilden - Grammatikschule, Rhetorikschule und evtl. noch Philosophie. Das endete mit der Völkerwanderung und wurde erst in der Aufklärung (MARIA THERESIA, FRIEDRICH II, JOSEPH II) wieder eingeführt. Daher stimmt an KANTs Worten das Attribut „selbstverschuldet" nicht. Das einfache Volk wurde über Jahrhunderte dumm gehalten, weil es dann leichter regierbar war. Erst nach rund 1400 Jahren führte MARIA THERESIA 1774 die Schulpflicht ein. In protestantisch dominierten Ländern geschah das früher, weil es allen Reformatoren wichtig war, dass die Gläubigen die Bibel selbständig lesen konnten. - Genau das wollte die Katholische Kirche nicht - aus Sorge, dass das einfache Volk die Bibel missverstehen würde. Für Kleriker wurden die Septuaginta und Vulgata für „authentisch" erklärt (1546 auf dem Konzil von Trient); bald danach entstand der Index Librorum Prohibitorum – erst 1965 von PAUL VI aufgehoben. „Selbstverschuldet" war also die Unwissenheit zumindest des einfachen Volkes nicht. Faktisch führte aber die Befreiung eher zu einem Säkularismus, weil man kirchlicherseits versäumte, den Menschen gemeinsam mit der steigenden profanen Bildung auch eine religiöse Bildung zukommen zu lassen.

Dass Befreiung allein nicht genügt, konnten wir auch bei der Entkolonialisierung Afrikas erleben. Hier hätte eine pädagogische und ökonomische Phase zwischengeschaltet werden müssen. Das war aber wirtschaftlich uninteressant – nur Missionare der verschiedenen christlichen Konfessionen bemühten sich darum, ohne gegen die allmächtige Wirtschaft aufkommen zu können.

Damit sind wir mitten in den Spannungen, die JOSEPH II zu bewältigen hatte. Zu seinen Lebzeiten war er aufgrund seiner radikalen Reformen unbeliebt, er musste sie vor seinem frühen Tod sogar großteils zurücknehmen, erst nach seinem Tod begann man ihn zunehmend zu verstehen und schätzen. Wir wissen nicht, ob sein empathiearmes Verhalten Ursache oder Wirkung seiner unglücklichen Beziehungen zu Frauen war: in seiner 1.Ehe mit Isabella von Parma liebte er sie abgöttisch, doch sie erwiderte diese Liebe nicht und starb nach drei Ehejahren; in seiner 2.Ehe mit Josepha von Bayern, zu der ihn seiner Mutter nötigte, war es umgekehrt – sie liebte ihn, er sie nicht, und sie starb bereits nach zwei Ehejahren; beide Ehefrauen starben an Pocken. Einer dritten Ehe verweigerte er sich und begnügte sich mit flüchtigen Abenteuern.

Nach seiner Kaiserkrönung in Frankfurt 1765 wurde JOSEPH II Mitregent mit seiner Mutter, nach ihrem Tod Alleinherrscher von 1780-1790.

Im Gegensatz zum Absolutismus LUDWIGs XIV (L'état c'est moi – Der Staat bin ich) war JOSEPH II der Hauptvertreter des **aufgeklärten Absolutismus,** den er selbst durch seinen Leitsatz charakterisierte: *„Alles für das Volk; nichts durch das Volk".* Er versuchte also eine Revolution von oben – und viele Maßnahmen MARIA THERESIAs und JOSEPHs stoßen heute auf weit mehr Verständnis als damals.

Schon MARIA THERESIA führte wichtige Reformen durch: Einführung einer allgemeinen Schulpflicht (1774), Zentralisierung der Entscheidungsgewalt in Wien, Berufsheer, Abschaffung der Folter, Einführung eines Grundbuches, Steuerpflicht auch für Adel und Klerus.

JOSEPH II setzt die Reformtätigkeit fort: Toleranzpatent (zunächst freie Konfessionsausübung, dann auch freie Religionsausübung für Juden), Aufhebung der Leibeigenschaft, Schließung von Klöstern, wenn sie keine "nützliche" Tätigkeiten ausübten, Errichtung von Kranken-, Armen- und Waisenhäusern, Verbot vieler Feiertage, Deutsch als Amtssprache, Verbot der Todesstrafe (außer im Militär).

Problematisch erscheint heute nur, dass der Kaiser erstens diese Maßnahmen „von oben her" durchdrückte, obwohl das bei der mangelhaften Bildung der Bevölkerungsmehrheit kaum anders möglich war, und zweitens kein Verständnis für „nur" Gebet und für kirchliches Brauchtum aufbrachte.

Am wichtigsten dürfte aber sein, dass nur **Reformen Revolutionen verhindern.** Das zeigte sich besonders deutlich in der 2. Hälfte des 18.Jhs: der Absolutismus Frankreichs endete in der Französischen Revolution, der aufgeklärte Absolutismus in Österreich und Preußen führte zu friedlichen Reformen. Die Bedeutung der Aufklärung zweigt sich auch am unterschiedlichen Verhalten von Juden und Moslems. Während der Großteil der Juden die Aufklärung akzeptierte, verschlossen sich die Moslems bis heute. Leider konnte das JOSEPH II nicht selbst erleben – seine von ihm selbst verfasste Grabinschrift lautet: ***"Hier ruht Joseph II., der in allem versagte, was er unternahm."***

2. DAS CHRISTENTUM ALS HAUPTWURZEL EUROPAS

2.1 Die Bibel – Wort GOTTES – auch heute noch?

Der Begriff **„abrahamitische Religionen"** ist missverständlich. Zwar berufen sich Judentum, Christentum und Islam auf den Stammvater ABRAHAM, aber ihr Umgang mit den jeweiligen Hl Schriften ist sehr verschieden. Juden und Christen sehen ihre Hl Schrift als Niederschrift der Erfahrungen, die Menschen mit GOTT machen durften – sie sind daher interpretationsbedürftig. Moslems verstehen den Koran direkt als Wort GOTTES, er muss daher wortwörtlich genommen werden. Auf Probleme mit dem Islam gehen wir im 3.Teile ausführlicher ein.

Die Bibel - ist sie immer noch **"das" Buch** oder fällt es dem Menschen mit wachsendem zeitlichen und kulturellen Abstand immer schwerer, die Bibel als "Wort GOTTES" anzusehen?   LESSING sprach hier von einem „garstigen Graben". Zweifellos beansprucht die Bibel selbst, **"Wort GOTTES"** zu sein - im AT etwa in den Botensprüchen der Propheten, im NT dadurch, dass CHRISTUS als "das" Wort GOTTES verstanden und die Schrift als „inspiriert" ("GEISTgehaucht") bezeichnet wird (2 Tim 3,16). Die etwa bis zur Aufklärung unproblematisch vertretene Auffassung, GOTT bzw. Sein GEIST habe die Schrift Wort für Wort diktiert (**"Verbalinspiration"**), ist unhaltbar geworden - vor allem durch das Bewusstwerden dreier Problemkreise: in der Schrift finden sich **Widersprüche** (z.B. 1 Engel in der mk. und mt. Grabeserzählung, 2 in der des Lk- und des Joh-Ev), **sachliche Fehler** (z.B. bei Mk und Lk gehen die Frauen zum Grab, um JESUS am 3.Tag zu salben - was bei den klimatischen Bedingungen des Landes unmöglich ist) und, zumindest im AT, auch **moralische Irrtümer** (z.B. die angeblich von GOTT stammende Forderung nach Vollziehung des Bannes, d.h. der Tötung alles Lebendigen und Vernichtung aller materiellen Beute in einer eroberten Stadt, um es dem menschlichen Gebrauch zu entziehen und dadurch GOTT zu "weihen" – etwas 1 Sam 15: SCHA'UL wird verworfen, weil den wehrlosen Amalekiterkönig nicht getötet hatte).

Zur Lösung dieser Probleme muss nicht die Überzeugung aufgegeben werden, **dass** die Bibel "Wort GOTTES" ist, wohl aber die Vorstellung, **wie** sie dies ist. GOTT wirkt ja auch sonst nicht direkt in Seiner Schöpfung - gleichsam in Konkurrenz zu geschaffenen Ursachen (d.h. Er wirkt nicht als "Zweitursache") -, sondern **mittels** Seiner Geschöpfe (d.h. Er bleibt immer "Erstursache"). Dies gilt auch für die **Inspiration**: Jedes Glied des atl. und ntl. GOTTESvolkes, das sich als solches bejaht, ist "inspiriert"; einige davon waren schriftstellerisch tätig, und diejenigen, deren Werke als Richtmaß des GOTTESvolkes anerkannt wurden (**"Kanon"**), gelten als inspiriert im engeren Sinn, ohne dabei ihre natürlichen Fähigkeiten und Mängel zu verlieren (**"Realinspiration"**). Dadurch wird es möglich, sachliche Irrtümer auf überholte Welt**bilder** zurückzuführen, ohne dadurch die gläubige Welt**anschauung** gefährdet zu sehen. Dieser Unterschied zwischen Weltbild / Weltanschauung ist für ein richtiges Bibelverständnis unerlässlich: **Weltbild** meint die Zusammenschau des Wissensstandes einer Kultur und beantwortet somit die Fragen **"Was?" und "Wie?"; Weltanschauung** hingegen ist die **bewertende Deutung** der Welt bzgl. eines Letztgrundes und beantwortet daher die Fragen **"Warum?" und "Wozu?"** (So etwa ist es für den Glauben an einen GOTT als Letztgrund und Letztziel der Schöpfung - Bereich der Weltanschauung - gleichgültig, ob man das Entstehen und Bestehen der Schöpfung aus dem Sechstagewerk wie Gen 1 oder aus einer jahrmillionenlangen Evolution erklärt - Bereich des Weltbildes).

Mittels Realinspiration kann die Bibel also auch heute als "Wort GOTTES" verstanden werden, aber als **"GOTTESWORT in MENSCHENWORT"** (vgl. dazu Vat.II, Dei Verbum, III / 12).

2.1.1. Wie können wir die Bibel heute noch verstehen?

Eine Person **als** Person können wir nie in gleicher Weise erkennen wie eine Sache: Wenn eine Person erkannt werden will, muss sie sich selbst **offenbaren** – und eine solche Selbst-Offenbarung kommt nur dann an ihr Ziel, wenn sie von ihrem Adressaten „geglaubt" wird. Das Gesagte gilt für jede Interpersonalbeziehung, also auch für die Beziehung zwischen GOTT und Menschen. GOTT offenbart nicht etwas, sondern **Sich** (vgl. Vat.I, De Revelatione, DH 3004 f.) – in allgemeiner Weise in Seiner Schöpfung, besonders in Seinen vernünftigen Geschöpfen, die aufgrund ihrer Vernunft zur Annahme eines Höheren Wesens kommen können (nicht müssen – zur Vernunftbegabtheit gehört Freiheit). Diese Art des Glaubens, die die menschliche Antwort auf GOTTES **allgemeine** („natürliche") **Offenbarung** darstellt und grundsätzlich jedem Menschen zu jeder Zeit möglich wäre, kann man als **Vernunftglauben** bezeichnen. Doch kann dieser nur dazu führen, **dass** man an GOTT glaubt, nicht aber erschließen, **wie** Sich GOTT zu uns verhält. Nach christlicher Überzeugung hat Sich uns GOTT immer wieder persönlich in der Geschichte mitgeteilt – als JAHWE, als „der, der für uns da ist", und dessen Für-uns-Sein in CHRISTUS seinen unüberbietbaren Höhepunkt gefunden hat; diese **geschichtliche („übernatürliche") Offenbarung** „füllt" erst den durch den Vernunftglauben abgesteckten Rahmen und kann, wenn sie gläubig angenommen wird, als **Offenbarungsglauben** bezeichnet werden.

Die Bibel ist innerhalb der **Tradition** des atl. Und ntl. GOTTESvolkes entstanden und kann daher auch nur innerhalb dieser Tradition richtig verstanden werden. Das bedeutet, dass die Gemeinschaft des Gottesvolkes, solange sie besteht, vor eine dauernde **Übersetzungsaufgabe** gestellt ist – das GOTTESWORT kann nicht in ein ein für allemal gültiges Menschenwort gefasst werden, da das Menschenwort grundsätzlich ein endliches, unvollkommenes, verbesserungsbedürftiges ist: *(DV 2/8)*.

Diese Aufgabe der Auslegung war christlichen Theologen früh bewusst, wobei sie z.T. auf bereits vorhandene jüdisch-rabbinische Auslegungstechniken zurückgreifen konnten, was sich schon im NT – etwa bei PAULUS oder MATTHÄUS – zeigt.

Heute unterscheidet man – entsprechend der Differenz zwischen alltäglichem Wissen und wissenschaftlichem Wissen – zwischen **subjektiver** und **objektiver** Schriftauslegung (Vgl. dazu bes.: KREMER J., Die Bibel lesen – aber wie? Eine kleine Anleitung zum Verstehen der Heiligen Schrift, KBW/Stuttgart 1978[6]).

Schriftauslegung	
subjektiv (erfahrungsbezogen)	**objektiv (mehrdimensional)**
Die persönliche Schriftmeditation soll Schrift mit Leben in Verbindung bringen (**"Korrelation"**, am bekanntesten: Geistliche Schriftlesung nach BENEDICT: • Lesen und Verstehen eines Textes (**lectio**: wendet sich an den Verstand). • Einfühlen in das Gelesene (**meditatio** im engeren Sinn, auch **ruminatio**, Wiederkauen, genannt: wendet sich an das Gefühl • Überlegung, was ich praktisch umsetzen kann (**oratio**: betrifft also auch den Willen). • Wer sich noch tiefer von der Schrift verwandeln lassen möchte, soll aufhören, zu denken und zu wollen und zu einer offenen Schale werden, in die der Schrifttext immer mehr einsinkt (**contemplatio**, einfach vor und für GOTT da sein)	Kombination verschiedener wissenschaftlicher Methoden, um zu einer intersubjektiv überprüfbaren Interpretation zu gelangen – die Anwendung und Abgrenzung der Methoden ist allerdings noch nicht völlig geklärt, weil die Theologie keine wertfreie Einzelwissenschaft ist (Problem der Wissenschaftstheorie der Theologie). Hierher gehören: die Historisch-kritische Exegese und humanwissenschaftliche geprägte Methoden wie die Tiefenpsychologische Exegese, die Feministische Exegese, die Politische Exegese und die Befreiungstheologische Exegese. Eine nähere Beschäftigung mit diesen Methoden setzt aber ein Theologiestudium voraus. Als Faustregel muss gelten: Wo immer einzelwissenschaftliche Methoden in die Theologie übernommen werden, muss die (systematische) Theologie ihr Maß bleiben!

2.1.2. *Textgeschichte - Urtext und Übersetzungen - Kanonisierung*

Der Urtext der Bibel ist **nicht** erhalten – wie übrigens **bei keinem antiken Werk** -, doch liegen uns von keinem anderen literarischen Werk der Antike so viele und so alte Handschriften vor. So etwa besitzen wir von SOPHOKLES nur 100, von der Bibel aber über 5000 Handschriften; die ältesten PLATON-Handschriften sind aus dem 9.Jh.n., die ältesten Bibelhandschriften aber bereits aus dem 2.Jh.n. – zwischen der Entstehung des Joh-Ev und der ältesten Joh-Handschrift liegen nur 20 Jahre! Es ist daher erstaunlich, dass immer wieder theologisch und philologisch ungebildete Journalisten die mangelnde Authentizität der Bibelhandschriften kritisieren und mit dieser Inkompetenz auch noch ein gutes Geschäft machen!

Generell ist die sog. **Textkritik,** d.h. die Wiederherstellung des wahrscheinlichsten Urtextes, eine der schwierigsten und unangenehmsten Aufgaben der Archäologen, Philologen, Historiker. Die Handschriften enthalten noch keine Kapitel-, Satz- und Worttrennung und sind daher schwer zu lesen.

Die Ursprache des AT war zunächst **Hebräisch**, dann **Aramäisch,** das NT war in **Koine-Griechisch** verfasst, seit ALEXANDER d.Gr. die Einheitssprache des gesamten östlichen Mittelmeerraumes.

Übersetzungen entstanden bald: Von den lateinischen Übersetzungen ist die älteste die Vetus Latina (3.Jh.), die bekannteste die Vulgata des hl. HIERONYMUS (4.Jh.).

Unter **Kanonisierung** versteht man, dass eine Gemeinschaft (die jüdische Kahal, die christliche Ekklesia) aus einer größeren Menge religiöser Schriften die auswählt, die sie als **Kanon (Richtmaß)** und damit **als inspiriert** anerkennt. Es bedurfte eines **Entscheidungsprozesses**, welche Schriften die jüdische / kirchliche Gemeinschaft als ihr Richtmaß, eben als Kanon, anerkennen wollte und welche sie ausschied. Letztere werden als **"Apokryphe"** (wörtl.: Verborgene) bezeichnet und hatten einen starken Einfluss auf die Volksfrömmigkeit und Kunst – und auch auf den Koran. Die Art der Auswahl der kanonischen Bücher zeigt aber ein "GEISTgewirktes" Gespür, weil keine Konzessionen an die Legendensucht des Zeitgeschmacks gemacht wurden. Wer sich für Apokryphe interessiert, kann diese jetzt kostenlos aus dem Net herunterlasen – besonders skurril ist das Proto-evangelium des Jakobus.

Abgeschlossen war die jüdische Kanonbildung E.d.1.Jhs., die christliche E.d. 4.Jhs., lehramtlich definiert sogar erst im 16. Jh. durch das Tridentinum.

2.1.3. *Exkurs: Die Bedeutung von Legenden*

Legenden („das zu Lesende") erzählen aus dem Leben von Heiligen und haben daher meist historische Bezüge, sollen aber wegen ihrer übergeschichtlichen Bedeutung weitererzählt werden. Sie sind verwandt mit Sagen, die einen historischen Kern märchenhaft überhöhen, und mit Mythen, die in den Bereich heidnischer Götter gehören. Die von dem evangelischen Theologen BULTMANN geforderte „Entmythologisierung" der Bibel passt nicht zum biblischen Charakter – letztlich findet ein einziger Mythos in der Bibel als Relikt aus dem Heidentum (Gen 6,1-4).

Damit Sie sich die übergeschichtliche Bedeutung von Legenden besser vorstellen können, bringe ich exemplarisch ein Beispiel

GOTT plante den Menschen in ein Paradies:

Ein biblisches Autorenteam wollte (vor 3000 oder 2500 Jahren: das ist umstritten, aber letztlich für unsere Frage nicht wichtig) mit bildhaften Legenden die Frage beantworten, warum wir Menschen uns in einer von Schuld, Leid und Tod geprägten Welt vorfinden, obwohl diese Welt von einem allgütigen und allmächtigen GOTT geschaffen sein soll. Da diese Frage uns heute sicher genauso angeht wie vor 3000 Jahren, kann sie nur mit einer zeitlosen Legende und nicht mit einem Geschichtsbericht beantwortet werden, weil letzterer uns nicht mehr persönlich betreffen würde.

In der Erzählung vom Paradies (Gen 2,4b-25) formt GOTT den Menschen (ADAM, d.h. Erdling) aus Ackerboden (adamah) und bläst ihm Seinen Lebensatem ein – der Mensch hat also etwas **von der Erde** und etwas **von GOTT**, steht zu beiden in einer unlösbaren Beziehung. Wer auch nur einmal das Sterben eines Menschen miterlebt hat, weiß, dass wir mit all unserer menschlichen Liebe den Lebensatem dieses Menschen nicht zurückhalten können, dass dieser Atem das Geschenk eines Anderen, eines Höheren ist. Und GOTT stellt diesen von Ihm geschaffenen Erdling fürsorglich in einen schönen Garten. Die beiden Bäume in der Mitte symbolisieren das, was nur von GOTT geschenkt werden kann – **geglücktes Leben und wahre Erkenntnis**. Die Aufgabe des Bebauens und Behütens gestattet dem Menschen einen verantwortungsvollen Gebrauch, aber keineswegs eine

Ausbeutung der Umwelt, in die GOTT ihn gestellt hat. Den einzigen Dank, den GOTT für diese großzügige Grundausstattung erwartet, ist, dass wir unser Lebensglück und unser Erkennen **vertrauensvoll aus Seiner Hand annehmen** und es uns nicht misstrauisch eigenmächtig nehmen wollen (Essen vom Baum des Lebens und der Erkenntnis). Wenn wir aber davon essen, fallen wir aus dem ursprünglichen Vertrauen heraus und an die Stelle guter Beziehungen treten entfremdete – wir „sterben", wir werden zu lebenden Toten. Dass die Frau („Männin") aus der „Rippe" des Erdlings geschaffen wird, ist ein Bild für die Wesensgleichheit von Mann und Frau. Die Bibel hat – im Gegensatz zur griechisch-römischen Philosophie - ein ganzheitliches Menschenbild, trennt also nicht zwischen „Seele" und „Fleisch" / „Körper". „Sie werden ein Fleisch" meint daher, sie werden eine **personale Einheit.** Dass sie sich in ihrer Nacktheit nicht voreinander schämen, drückt in feinfühliger Weise aus, dass ihre Beziehung heil und geglückt war, denn wir schämen uns dort zu Recht, wo wir das Niveau einer zwischenmenschlichen Beziehung unterbieten, keineswegs nur auf sexuellem Gebiet.

So komponieren die Autoren ihre Erzählung: GOTT stellt jeden Menschen in ein „Paradies", also in heile Beziehungen - zu GOTT, zur Umwelt, zum Mitmenschen - und dadurch zu sich selbst. Und bis heute glückt menschliches Leben umso mehr, je heiler diese Grundbezüge sind.

Der Weg in die Entfremdung ("Sündenfall")

In der sogenannten Sündenfallerzählung wird die Frau schuldig, weil ein äußerer Anlass und ein innerer Grund zusammenkommen. Die Schlange symbolisiert die Versuchung durch äußere Umstände - sie ist auch ein Geschöpf GOTTES, die Frage, wieso sie böse ist, wird nicht gestellt; klar ist nur, dass die Bibel das Böse nicht auf GOTT zurückführt, sondern auf böse gewordene Geschöpfe. Der innere Grund ist, *wie GOTT sein zu wollen,* d.h. sein Lebensglück selbst in die Hand nehmen zu wollen, weil man GOTT letztlich doch nicht traut, dass Er es gut mit uns meint. Und dem Mann ergeht es ebenso.

Mit dem Misstrauen gegen GOTT zerbrechen die heilen Beziehungen – zunächst die innigste, die zwischen Mann und Frau. Sie schämen sich voreinander, weil sie einander fremd geworden sind - das harmonische Miteinander von Mann und Frau wird durch das kalte Nebeneinander zweier Singles abgelöst. Das Misstrauen gegen GOTT zerstört selbstverständlich auch die heile GOTTESbeziehung – **Misstrauen und Furcht** hat Vertrauen und Liebe abgelöst. Und die Menschen schaffen es nicht einmal, zu ihrem

Fehler zu stehen – der Mann schiebt sein Versagen auf die Frau, die Frau auf die Schlange.

GOTT „straft" nicht, sondern es ist die Konsequenz des menschlichen Fehlverhaltens, dass die Lebensaufgabe und Arbeit zur Last werden. Der Weg aus dem Paradies ist der Weg in die **Entfremdung** – ein Zustand, den wir nur zu gut aus unserer eigenen Erfahrung kennen. Dass Engel („Kerubim") das Paradies „bewachen", könnte andeuten, dass wir Menschen aus eigener Kraft nicht zurückkönnen.

Denn Erkennen und Leben können nur durch den Bezug zu GOTT gelingen – im biblischen Bild: sich vom Baum des Erkennens und des Lebens von GOTT beschenken lassen. Wer ohne Bezug zu GOTT, zur ewigen Wahrheit, erkennen will, gerät in die Gefahr, auch falsch zu denken und zu handeln und „schafft" damit erst das Böse. Und wie würde ein vom Menschen „geschaffenes" ewiges Leben aussehen? Es wäre ein end- und sinnloses Dahinvegetieren unter Raum- und Zeitbedingungen. Es ist erschreckend, dass gerade heute in den USA Wissenschaftler an diesem Albtraum arbeiten. Denn auch wenn wir den Tod als furchtbaren Abbruch unserer innerweltlichen Beziehungen erleben – ein endloses Leben auf Erden würde, ganz abgesehen von der Problematik des Alterns, dem Leben seine Aufgabenhaftigkeit und damit Sinnhaftigkeit nehmen. Jede Aufgabe hat einen Zeitbezug – hätte ich Millionen, ja, Milliarden von Jahren Zeit, um dies oder jenes zu tun, würde ich nichts mehr tun und in Langeweile versinken. Nur ein ewiges Leben jenseits von Raum, Zeit und Materie verdient diesen Namen – Ewigkeit ist eben nicht eine unendliche Zeitdauer, sondern Befreiung von der Zeit -, und ein solches ewiges Leben kann nur GOTT schenken.

2.1.4. *Jüdischer und katholischer Kanon*

Nach den ersten fünf Büchern unterscheiden sich der jüdische und der katholische Kanon – denn HIERONYMUS, von dem ja die bekannteste Übersetzung des AT stammt, verwendete nicht die hebräische Bibel als Grundlage, sondern die Septuaginta, die bedeutenste griechische Übersetzung des AT.

Die **jüdische** Bibel weist eine Dreiteilung auf (TeNaK):

- **T**ora
- **N**ebiim (Propheten): „ältere" und „jüngere" Propheten (Schriftpropheten)

- **K**etubim: Schriften der Lebensweisheit

Die **katholische** Fassung ist viergeteilt:

- Tora

- **„Geschichtliche"** Bücher: Die Bezeichnung ist irreführend, da GOTTES Heilswirken in der Geschichte aufgezeigt werden soll. Daher gehört hierher nicht nur das deuteronomistische Geschichtswerk, sondern auch Erbauungsbücher wie RUT und ESTER.

- **Schriften** der Lebensweisheit: Sehr verschiedene literarische Formen, zu verschiedenen Zeiten entstanden. Gemeinsamkeit: **Weisheit ist GOTTESfurcht. Neben** den **Psalmen** (150 dieser zu verschiedenen Zeiten entstandenen Gebete nachexilisch gesammelt. Sie bringen Grundanliegen des Menschen – Bitte und Dank, Lob und Klage – vor GOTT) und dem **Hohelied** (4.Jh.v. (?), Festrolle für Pessach, Symbolismus matrimonialis (// Hos, Jer, Ez; NT): die Liebe zwischen Bräutigam und Braut ist Bild der Liebe JAHWEs zu Seinem Volk) gehören hier her auch IJOB, KOHELET, Sprichwörter: JESUS SIRACH und Weisheit.

- **Propheten:** Griech.: prophetes = der, der im Auftrag eines anderen spricht, hebr.: nabi = der berufene Rufer - Propheten sind nicht Wahrsager, sondern **Wahrheitssager,** sie sprechen im **Auftrag JAHWEs.** Ihre Botschaft kann sein: negativ (Kritik an religiösen und sozialen Missständen) oder positiv (Verheißung eines neuen Heilshandelns JAHWEs). Das atl. Prophetentum entwickelte sich zusammen mit dem Königtum – es war das machtlose Korrektiv der Königsmacht -. Die ersten Propheten waren keine Schriftpropheten (z.B. NATAN, ELIJA, ELISCHA). In der hellenistischen Epoche, besonders in der MAKKABÄERzeit, entwickelte sich aus der Prophetie die Apokalyptik. – Die Propheten wurden in der katholischen Fassung des AT bewusst an den Schluss gestellt als Übergang zum NT.

JOSHUA fand also in Seiner jüdischen Bibel ein gereiftes GOTTESbild vor. Die Prä-Israeliten waren Halb-Nomaden z.T. in Kanaan (SchutzGOTT EL), z.T. in Ägypten (BergGOTT JAHWE) gewesen: durch Einwanderung und Verschmelzung beider Gruppen entstand das Volk Israel und EL und JAHWE verschmolzen zu **einer** Gottheit, wodurch ein **neues GOTTESbild** entstand: personhaft (ansprechbar), immanent (in der Geschichte helfend)

und transzendent („heilig"),   (später) einzig; dadurch entstand auch ein
neues Menschenbild: der Mensch als Bild GOTTES, d.h. Repräsentant
GOTTES in der Schöpfung; kahal (Gemeinde) als auserwählt zum
Heilssakrament für die Völker (Vorform der Kirche).

2.2.   Die jüdische Bibel als Bibel JOSHUAs

2.2.1. *Exkurs: Warum ich den hebräischen Namen bevorzuge*

 Wir Christen haben die hebräischen Namen gräzisiert bzw. latinisiert. Ich
persönlich halte das für eine Unhöflichkeit – aber, was schlimmer ist, es geht
auch der Sinn der Namen verloren. Auch Wortspiele wie im Hebräerbrief:
der erst JOSHUA führte eine kleine Volksgruppe in das irdische „gelobte
Land", der zweite JOSHUA in die endgültige Herrlichkeit.

Die Namen sind eine Kurzfassung der der lukanischen
Kindheitsgeschichte:

ZACHARIAS – i.Hebr.: SACHARJA (Ja=Abkürzung für JAHWE am
Wortende): JAHWE ist des Namensträgers eingedenk

JOHANNES – i.Hebr.: JOCHANAAN (JO= Abkürzung von JAHWE am
Wortanfang): JAHWE ist dem Namensträger gnädig. Er wird geschildert als

- Nasiräer (jüd. Form eines Asketen, konnte man von Geburt an oder
  auf bestimmte Zeit sein)
- als neuer ELIJA (EL = GOTT, ELI = mein GOTT, JA= JAHWE: „mein
  GOTT ist JAHWE") – seine Wiederkunft wurde / wird für die Endzeit
  erwartet)
- als Vorläufer

GABRIEL = (SchöpferKraft Els

MARIA – i.Hebr.: MIRJAM (Deutung umstritten am ehesten: die von
JAHWE Geliebte oder die

Bittere). Als Verlobte war sie zwischen 12 und 12 ½, denn dann wurde das
Mädchen volljährig:

„Magd des HERRN" – weibl. Pendant zu „Knecht GOTTES", daher
Ehrentitel

JOSEPH – i.Hebr: JAHWE fügt dem Namensträger etwas / jemanden hinzu

JESUS – i.Hebr. JOSCHUA (GOTT hilft durch den Namensträger, i.D.: GOTTHELF – Langform des

Namens: J^eHOSHUA), Er wird als Sohn DAVIDs (Einreihung in die Geschichte Israels) und Sohn

GOTTES /GEISTgeschöpf (daher neuer ADAM – Neubeginn der Geschichte) charakterisiert

Ich verwende daher die hebräische Form JOSHUA **vor** der Niederschrift des NT, dann – weil das NT ja in Koiné-Griechisch verfasst ist – die üblich gewordene Bezeichnung JESUS.

JOSHUA wurzelte als Jude selbstverständlich im AT, in der jüdischen Bibel, – das NT entstand ja erst Jahrzehnte nach Tod und Auferstehung.

Für Juden sind die Bücher des AT nicht gleichwertig, sondern die **Tora,** die ersten 5 Bücher der jüdischen HI Schrift, gelten als die bedeutendsten.

Das Buch **Genesis** bringt „Urgeschichte" (im Sinne von: Ursprungsgeschichten, d.h. Erzählungen, die jeden Menschen betreffen: Gen 1-11) & Vätergeschichte (Gen 12-50: Die Patriarchen sind Scheiks (halb-)nomadischer Sippen; sie tragen kaum individuelle Züge. Die Bücher Exodus, Numeri und Deuteronomium bringen dann Volkgeschichte; hier kommt dem Buch Exodus besondere Bedeutung zu, weil es das Befreiungshandeln GOTTES darstellt und den Bundschluss am Sinai und Dekalog erzählt.

Wäre JOSHUA nur ein frommer Jude gewesen, hätte man Ihn nicht gekreuzigt.

Schon der Anfang Seines Wirkens ist auffällig: Er lässt sich in der synoptischen Darstellung von JOCHANAAN dem Täufer taufen, wobei Ihn der GOTTESGEIST, herabschwebend wie eine (nicht „als") Taube als SOHN GOTTES bestätigt, worauf wir noch gesondert eingehen müssen. Das Bild war in der Antike verständlicher als heute. Er wird nicht von einem Adler zu einem Machtmessias erwählt, sondern von dem Liebesvogel Taube zu dem Liebesmessias. Und Er ringt mit dieser Berufung in der Wüste, indem Er Schauwunder und Weltherrschaft („panem et circenses") ablehnt.

JOSHUA verkündete die **GOTTESherrschaft** und rechnete mit dessen baldiger Vollendung: *„Die Zeit ist erfüllt, das Reich Gottes ist nahe. Kehrt um, und glaubt an das Evangelium!"* (Mk 1,15).

JOSHUA wirkt Außergewöhnliches **("Wunder"),** die einen 3fachen Zeichencharakter aufweisen: 1. Schon – noch nicht des GOTTESreiches / 2. göttliche Autorität / 3. Glauben fordernd und fördernd.

JOSHUA vergibt **Schuld** (opheilema), was nach jüdischem Verständnis nur GOTT selbst zukommt, und hebt die **Sünde** (hamartia), die Trennung der Welt von GOTT, auf.

JOSHUA wendet sich **Außenseitern** zu und kümmert sich nicht um die Diskriminierung der „Unreinen" - der Frau, der Sünder, der Aussätzigen.

JOSHUA war zwar kein politischer Revolutionär, aber ein **Sozialrevolutionär.**

JOSHUA „beschlagnahmt" Menschen lebenslänglich; die **12 Apostel** sind Symbol der endzeitlichen Erneuerung, der Wiederherstellung der 12 Stämme Israels (Jes 2: Völkerwallfahrt nach Jerusalem). JOSHUA nennt JAHWE „Abba" – das bedeutet nicht nur „Vater", sondern ist ein Zärtlichkeitsausdruck wie „Papa".

Und JOSHUA wendet sich nie gegen „das Gesetz", aber oft gegen Fehlverständnisse. *„Denkt nicht, ich sei gekommen, um das Gesetz und die Propheten aufzuheben. Ich bin nicht gekommen, um aufzuheben, sondern um zu erfüllen" (Mt 5,17).*

2.3.   Der Kreuzestod – ist JOSHUA gescheitert?

JOSHUA wurde zuerst durch den Hohen Rat (den Sanhedrin, das Synhedrion: bestehend aus Sadduzäern, Laienadel und Pharisäern) wegen "GOTTESlästerung" verurteilt. Da Judäa seit der Absetzung des unfähigen HERODES-Sohnes ARCHELAOS (6 n.) unter römischer Direktverwaltung stand und die Blutgerichtsbarkeit dem römischen Statthalter vorbehalten war, musste für die Verurteilung JOSHUAs durch die Römer ein **politisches Motiv** vorgeschoben werden.

Die Verleugnung JOSHUAs durch PETRUS hat sicher einen historischen Kern - die Urgemeine hätte ihrem Leiter so eine Verfehlung kaum angedichtet. Offenbar hat PETRUS selbst diese Schuld bekannt.

Die **Geißelung** war eine typisch römische Strafe, die allein oder als Vorbereitung der Kreuzigung verhängt werden konnte. Auch die

Dornenkrönung und Verspottung durch die Soldaten ist nicht unwahrscheinlich, da JOSHUA ja wegen Seines angeblichen Königsanspruches verurteilt und wohl auch von den Soldaten verhöhnt wurde. Zudem erhielten die Soldaten eine Sonderration Wein, um die Kreuzigung besser zu verkraften – sie waren also mehr oder minder betrunken.

Die Kreuzigung war eine persische Erfindung. Die Perser, die damals ZOROASTERanhänger waren, wollten aus religiöser Ehrfurcht die vier antiken Elemente, Luft, Wasser, Erde und Feuer, nicht durch Tote verunreinigen. Als Hinrichtungsart erfanden sie daher die Kreuzigung, wobei die Toten so lange am Kreuz blieben, bis Raubvögel sie weitgehend "bestattet" hatten.

Die Phönikier und die Römer übernahmen sie aus Grausamkeit. Bei den Römern wurde die Kreuzigung zur typischen Strafe für Sklaven und Aufrührer, sofern sie nicht das Römische Bürgerrecht hatten. Die Juden hielten und halten einen Gekreuzigten für von GOTT verflucht, was den Glauben an JOSHUA als den MESSIAS ungemein erschwert(e). *„Verflucht ist, wer am Holze hängt“* (Dtn 21,23) - Bei der Kreuzigung blieb der Längsbalken an vorgesehenen Hinrichtungsplätzen im Boden fixiert, vom Verurteilten wurde "nur" der etwa 70 kg schwere Querbalken (patibulum) getragen. Der Gekreuzigte litt zunächst abwechselnd unter Muskelkrämpfen und Erstickungsanfällen, der Tod trat durch Ersticken oder durch Kreislaufzusammenbruch ein.

In der Deutung des Todes JOSHUAs setzen die Evangelisten **unterschiedliche Akzente:**

- Die Synoptiker unterstreichen das schreckliche Geschehen durch Begleitwunder (Finsternis, Zerreißen des Tempelvorhangs)
- Mk und - ihm folgend - Mt arbeiten die Absurdität des Todes JESU heraus: JOSHUA betet den Ps 22 - *"Mein GOTT, mein GOTT, **wozu** hast Du mich verlassen (eis ti: Mk, hina ti: Mt)?"* -, der römische Hauptmann antwortet *"Wahrhaftig, dieser (Mensch) war GOTTES SOHN"*. Ein größerer Gegensatz ist wohl kaum denkbar! Ferner ist nur bei diesem Ps das Missverständnis möglich, überhaupt wenn jemand, um den Atem ringend, undeutlich spricht: ELIJA ta'= "ELIJA, komm" statt ELI atta'= "mein GOTT bist Du" (Ps 22,11).

- Der - wie immer versöhnlichere - Lk lässt JOSHUA zuerst für die Ihn hinrichtenden Soldaten beten (23,34), dann den einen Terroristen sich bekehren (23,40 f.) und den Ps 31 beten, das jüdische Abendgebet: "VATER, in Deine Hände lege ich meinen Geist" (Lk 23,46 // Ps 31,6) - JOSHUA gibt den GEIST, den Er vom VATER erhalten und der Ihn mit dem VATER verbunden hat, dem VATER zurück.
- Im Joh-Ev bleibt JOSHUA selbst im Todeskampf Herr der Lage, alles allzu Menschliche bleibt Ihm fremd. Zuerst vertraut JOSHUA Seine Mutter dem "Lieblingsjünger" an (Joh 19,26 f.). Die Gestalt des Lieblingsjüngers, erst in der Tradition mit dem Zebedäiden JOHANNES gleichgesetzt, gibt bis heute Rätsel auf; ebenso, ob der Bezug zu MARIA nur symbolisch ist. - Im Joh-Ev stirbt JOSHUA mit den Worten "Es ist vollbracht" (Joh 19, 30). Aus Seiner Seitenwunde fließen Wasser und Blut, Symbole für die Grundsakramente Taufe und Abendmahl. Auch hier spricht nichts dagegen, diese Aussage trotz ihrer tiefen Symbolik auch wörtlich zu nehmen, da sich das Blut bei Toten ja zersetzt.

Bei allen Evangelisten wird die **Absurdität des Geschehens** deutlich: GOTT ist von GOTT verlassen; Er, der als "Leben" bezeichnet wurde, ist tot; der Sündenlose stirbt den Tod des Sünders.

GOTT wollte nicht den grausamen Tod Seines SOHNES, sondern Sein ganz auf Ihn hin ausgerichtetes Leben: der grausame Tod war Folge der Unheilsstruktur der Welt ("Erbsünde"). Auch andere Menschen, die durch ihr Leben gegen diese Unheilsstruktur ankämpfen, haben zu leiden. Daher hat nicht bloß JOSHUAs Hinrichtung Heilsbedeutung, sondern die Gesamtheit Seines **Lebens, Sterbens und Auferstehens.**

In der gesamten Hl Schrift – nicht nur im NT – ist GOTT der Erlöser und Befreier: menschliche Herrschaft versklavt, göttliche Herrschaft befreit - beginnend mit der Befreiung aus dem „Sklavenhaus Ägypten" bis zu *„Zur Freiheit hat uns CHRISTUS befreit"* (Gal 5,1)

Das düstere Bild eines GOTTES, der der sündigen Menschheit zürnt und nur durch den Kreuzestod Seines SOHNES versöhnt werden kann, stammt aus dem Mittelalter, nicht aus der Bibel. Gerade im NT hat JOSHUA uns ein GOTTESbild frei von jeder Negativität geschenkt, das wir dankbar annehmen dürfen.

Der Schock, den der Tod JOSHUAs - und noch dazu dieser Tod - unter seinen Anhängern auslöste, kann nicht krass genug vorgestellt werden: JOSHUA schien in Seinem Anspruch gescheitert, von JAHWE verworfen: "Verflucht (d.i. von GOTT verworfen) ist, wer am Holze hängt", Dtn 21,23. Selbst Seine Jünger mussten daher - gemäß ihrer jüdischen Vorstellungswelt - glauben, einem falschen MESSIAS nachgelaufen zu sein. Das primäre Fluchtmotiv der Jünger war also sicher nicht Furcht, sondern, dass sie an JOSHUA "irre geworden" waren (Mk 14,27 und //).

Aufgrund dieser tiefeingewurzelten Überzeugung von der Verworfenheit eines Gekreuzigten durch GOTT kann auch die **radikale Sinnesänderung** der Jünger auf rein menschlicher Ebene nicht erklärt werden, wie es Leugner der Auferstehung immer wieder versucht haben: Wie hätten die Jünger durch bloßes Nachdenken erkennen sollen, dass der "Verfluchte" doch der "Richtige" war? Und wie könnte Nachdenken dazu beGEISTern, für dessen Verkündigung alles, auch das Leben, zu riskieren? Ohne die radikale **Erfahrung des Auferstandenen** ist also die radikale Sinnesänderung der Jünger unerklärlich! Dabei ist zu beachten: Es handelt sich nicht um eine Erfahrung der Auferstehung selbst, denn diese ist eine dem Menschen unter den gegenwärtigen Lebensbedingungen unzugängliche Neu-Schöpfung: An CHRISTUS wird Ende und Vollendung der Schöpfung vorweggenommen. Vielmehr spricht das NT von Erfahrungen (Plural!) des Auferstandenen, und zwar in zweierlei Weise:

Die **Osterevangelien**, die - nach heute allgemein anerkannter theologischer Überzeugung - nicht von Augenzeugen des Auferstandenen verfasst wurden, versuchen in symbolischen Bildern Erfahrungen des Auferstandenen zu erzählen. Dabei bemühen sie sich deutlich, einerseits die **Identität** des Auferstandenen mit dem Gekreuzigten zu bezeugen, andererseits Seine **Neuartigkeit** zu betonen (wiederholtes Motiv des Nicht-Erkennens) - denn: Auferstehung ist keine Rückkehr in das irdische Leben, wie etwa die Auferweckung des LAZARUS (Elʿāzār, deutsch ‚Gott hat geholfen'), sondern Aufgenommen-Werden in die endgültige und vollendete Seinsweise GOTTES. Diese Erzählungen der Osterevangelien bleiben notwendig bildhaft, da man über GÖTTLICHES nur symbolisch sprechen kann - d.h. aber, sie bleiben grundsätzlich mehrdeutig. Diese Mehrdeutigkeit betrifft aber nur das "Wie" der Erfahrungen des Auferstandenen, nicht aber das "Dass" - denn: *"Ist aber CHRISTUS nicht auferweckt worden, dann ist unsere Verkündigung leer und euer Glaube sinnlos" (1 Kor 15,14).*

PAULUS, also der einzige unumstrittene Augenzeuge des Auferstandenen unter den ntl. Autoren, spricht über seine Erfahrungen in theologischer

Weise. Daher gilt hier, wie auch sonst: theologische (eindeutige) Texte liefern den Deutungsschlüssel zu bildhaften (mehrdeutigen), nicht umgekehrt. Der wichtigste dieser paulinischen Texte ist **1 Kor 15**. Dabei fällt auf, dass er, der Augenzeuge, jeden Versuch einer Beschreibung der Erfahrung des Auferstandenen vermeidet, die **Tatsache und Bedeutung** dieser Erfahrung aber stark hervorhebt. Für die Tatsache bietet PAULUS nicht nur sich selbst, sondern über fünfhundert Zeugen an (1 Kor 15,6), also weit mehr als die Evangelien. Und diese Tatsache der Auferstehung hat Bedeutung **für unsere Zukunft**, weil an CHRISTUS offenbar wurde, was uns alle und mehr als alles angeht: dass auch wir endgültig in das Leben GOTTES hineingenommen werden sollen (1 Kor 15,20-28), *"damit GOTT alles in allem sei"* (1 Kor 15,28). Die einzige Aussage bezüglich des "Wie" ist eine Abgrenzung der leiblichen Auferstehung im christlichen Sinn gegenüber einerseits der jüdischen Vorstellung einer Auferweckung desselben materiellen Körpers am Letzten Tag, andererseits der heidnischen Vorstellung einer unsterblichen, unleiblichen und unindividuellen Seele (1 Kor 15,35-50): Für die neue leib-seelische Daseinsweise bei GOTT prägte PAULUS den schwer übersetzbaren Begriff **"soma pneumatikon"** (1 Kor 15,44): Die Einheitsüber-setzung gibt diesen Ausdruck mit "überirdischer Leib" wieder, früher bevorzugte man "verklärter Leib"; doch scheint die wörtliche Übersetzung "GEISTiger (GEISTerfüllter, GEISTbelebter, GEISTgewirkter) Leib" vorzuziehen, wenn man GEIST nicht (im griechisch-philosophischen Sinn) als Gegenbegriff zu Leiblichkeit, sondern (im biblischen Sinn) als lebensspendenden GOTTESGEIST versteht.

Jedenfalls ist der Sinn der Auferstehung klar: Sie ist ein Zeichen dafür, dass GOTTES Liebe **"stärker als der Tod"** ist und daher keinen, der sich Ihm anvertraute, im Tod lässt, sondern ihn in Sein Leben hineinnimmt. Für CHRISTUS bedeutet dies zugleich die endgültige Bestätigung Seines Anspruches, für uns bedeutet diese Bestätigung CHRISTI auch die Verheißung, durch den Tod hindurch ebenso in das Leben GOTTES hineingenommen zu werden wie Er: *"Wenn der GEIST dessen in euch wohnt, der JESUS von den Toten auferweckt hat, dann wird Er, der CHRISTUS JESUS von den Toten auferweckt hat, auch euren sterblichen Leib lebendig machen, durch Seinen GEIST, der in euch wohnt"* (Röm 8,11).

Die Auferstehung JESU ist - als **das** Zentralereignis des NT - Bestätigung Seines MESSIASanspruches für Ihn und für uns und Vorwegnahme der eschatologischen Neuschöpfung an Ihm und Verheißung einer solchen Neuschöpfung für uns.

Durch die Auferstehung bestätigt der VATER JESUS als den SOHN – dessen „Verhaltensauffälligkeiten" also keine GOTTESlästerung, sondern Ausdruck Seiner göttlichen Autorität sind!

2.4 JOSHUA – der „SOHN GOTTES"

Die Bezeichnung „SOHN GOTTES" ist im NT doppeldeutig:

- das judenchristliche Verständnis: der von GOTT erhöhte messianische SOHN GOTTES (Ps 2,7; Röm 1,3 f)
- das heidenchristliche Verständnis des ewigen SOHNES, der in JOSHUA Mensch geworden ist (schon im Phil.-Hymnus, bes. im Joh-Prolog)

Das eigentlich Neue des NT gegenüber dem AT ist, dass GOTT Sich in einmaliger und unüberbietbarer Weise in einem Menschen, JOSHUA von Nazaret, offenbart - diese einmalige GOTTESbeziehung wurde besonders mit dem Wort SOHN ausgedrückt. Schon im NT und nicht erst bei späteren Theologen kam es durch diese "Menschwerdung" gleichsam zu einer "Verdopplung" GOTTES - bei gleichzeitiger Aufrechterhaltung Seiner Einheit (vgl. etwa Phil 2,5-11; Mt 11,25-30; Joh 1,1-18): GOTT wird Mensch, doch ohne in dieser Menschwerdung ganz in JOSHUA aufzugehen - GOTT ist "in" JOSHUA und zugleich "außerhalb" JOSHUAs als der, zu dem JOSHUA "Abba" sagt.

Das war und ist schwer verständlich – deshalb haben gerade die ersten Konzilien um eine Präzisierung gerungen. Präzisiert wurde das Verständnis der zweiten GÖTTLICHEN Person und Ihrer Menschwerdung schließlich besonders durch das Konzil von Chalzedon 451, in Ausgrenzung von einseitigen Interpretationen: Durch die Überbetonung der Einheit der Person CHRISTI durch die alexandrinische Theologenschule wurde auch die Einheit Seiner "Natur" überbetont, wobei Sein GÖTTLICHES Wesen Sein Menschsein gleichsam aufgesaugt habe, daher Monophysitismus, d.h. Einnaturenlehre. Durch Überbetonung der Zweiheit der "Naturen" CHRISTI durch die antiochenische Theologenschule wurde eine nur lose Verbindung dieser beiden Naturen angenommen, wodurch es schwierig wird, CHRISTUS als eine Person zu sehen (Nestorianer).

Das Konzil betont,

dass der eine JESUS CHRISTUS "wahrhaftig GOTT" und "wahrhaftig Mensch" ist, "wesensgleich dem Vater der GOTTHEIT nach" und "wesensgleich uns Seiner Menschheit nach" (DH 301) und

dass die eine Person JESU CHRISTI "in zwei Naturen unvermischt, unverwandelt, ungetrennt und ungesondert besteht .." (DH 302).

Was sollte mit diesen Formulierungen ausgesagt werden? Die eine Person JOSHUA war GOTT und Mensch zugleich, d.h. Sein Menschsein war wesentlich ("substantiell") und nicht bloß zufällig („akzidentiell") durch Seine Beziehung zum Vater bestimmt. Das also, was die unverwechselbare Einmaligkeit JESU' ausmachte, war seine VATER-Beziehung. Doch diese Beziehung GOTTES zu Sich, d.i. die Beziehung der ersten zur zweiten GÖTTLICHEN "Person", die Beziehung des "VATERS" zum "SOHN", entstand und endete nicht mit der Lebensdauer des irdischen JESUS, sondern konkretisierte sich nur in diesem JESUS, ist aber, als wesentlich zu GOTT gehörend, ewig: GOTT ist in Sich „ewig" Beziehung und diese Beziehung wird Mensch in der Zeit.

Wie kann man sich **das Selbstverständnis JOSHUAs** vorstellen?

Bei jedem Menschen ist das denkende, nicht inhaltlich bestimmte Ichbewusstsein dem gedachten, inhaltlichen Wissen von sich selbst und von anderem uneinholbar vorausgesetzt

Als wahrer Mensch verfügte Er über den Wissensstand Seiner Zeit – inhaltliches Wissen -, war also nicht allwissend, sondern lernfähig (z.B. durch die heidnische Frau - Mk 7, 24-30 // Mt 15,21-28). Inhalt Seiner Verkündigung war das GOTTESreich, dessen Anbruch Er bald erwartete: „ *Amen, ich sage euch: Diese Generation wird nicht vergehen, bis das alles eintrifft"* (Mk 13,30) ; aber als Mensch wusste auch Er nicht den genauen Zeitpunkt: „ *Doch jenen Tag und jene Stunde kennt niemand, auch nicht die Engel im Himmel, nicht einmal der Sohn, sondern nur der Vater"* (Mk 13,32).

JOSHUAs vorausgesetztes Ichbewusstsein war Seine unmittelbare Einheit mit dem VATER – aus diesem Anspruch heraus verkündete und handelte Er, was oft provozierte.

Wir hingegen müssen mittelbar schließen, dass alles Dasein, daher auch unser eigenes, in GOTT begründet sei. – FICHTE erklärt dies so: JESUS hatte Seine Erkenntnis der Einheit mit dem VATER weder durch eigene Spekulation noch durch Mitteilung von außen, Er hatte sie schlechthin durch

Sein bloßes Dasein, durch Inspiration: Dies ist der einmalige Charakter JESU, nur ein Mal gesetzt in der Zeit: Er war die zu einem unmittelbaren Selbstbewusstsein gewordene absolute Vernunft (ASL, 11. Vorlesung)

Doch dieses Ichbewusstsein musste inhaltlich konkretisiert werden: Was musste JESUS lernen?

" ... und obwohl Er Sohn war, hat Er an dem, was er gelitten hat, den Gehorsam gelernt..." (Hebr 5,8).

JESUS verkündigte das GOTTESreich zunächst als etwas, das

- der VATER herbeiführen würde und
- eine Neuschaffung Israels sein würde, daher 12 Apostel und Gedanke der Völkerwallfahrt nach Jerusalem.

Noch am Ölberg hoffte Er, **vor** dem Tod bewahrt zu werden: *„Oder glaubst du nicht, mein Vater würde mir sogleich mehr als zwölf Legionen Engel schicken, wenn ich ihn darum bitte?"* (Mt 26,53)

In JESUS „erlebte" GOTT den Tod in all seiner Furchtbarkeit als Abbruch aller Beziehung, auch der zu GOTT – also in JESUS erlebte GOTT die Hölle, weil Er gehorsam bis zum Tod war. Der Schrei *„Wozu hast Du mich verlassen"* blieb zunächst unbeantwortet

Gerade auf Golgotha lernte JESUS, dass

- Er nur durch Seinen Tod den Tod überwinden konnte und
- das GOTTESREICH nur durch Seine Person kommen konnte: <u>autobasileia</u> = Er selbst ist die GOTTESHERRSCHAFT

Daher ist bedauerlich, dass die W-Kirche die Bedeutung des Abstiegs JESU in das Reich des Todes / der Hölle kaum mehr sieht. Natürlich war die frühere Deutung, dass das ein „Warteraum" war, in dem die Gerechten darauf warteten, von JESUS in den Himmel geführt zu werden, ein etwas naives Bild. Aber eine theologisch sinnvolle Deutung wäre, dass es nichts gibt, was nicht in die Liebe GOTTES hineingenommen wird. „Die" Auferstehungsikone der O-Kirche zeigt den Auferstanden, der auf den aufgespengten Torflügeln der Unterwelt steht und ADAM und EVA, stellvertretend für die Menschheit, mit einem Griff unentrinnbaren Griff emporzieht, den bei den Alten Griechen der GOTT THANATOS anwendete, um Menschen in den Hades zu ziehen – JESUS ist also gleichsam der Anti-THANATOS.

3. DIE GESCHICHTLICHE ENTWICKLUNG – AUFSTIEG UND NIEDERGANG DES CHRISTENTUMS IN EUROPA

3.1. Die Loslösung des Christentums vom Judentum

3.1.1 Die Schriftwerdung des Christentums im NT

Das NT hat, verglichen mit dem AT, eine relativ kurze Entstehungszeit - etwa 50 bis 70 Jahre. Die Worte und Taten JESU, vor allem aber Sein Tod und Seine Auferstehung (um 30 n.) wurden zunächst mündlich, dann sicher auch schon schriftlich tradiert, wovon aber nichts erhalten, doch manches rekonstruierbar ist. Die ältesten erhaltenen Schriften sind die **Briefe des PAULUS** (etwa zwischen 50 und 60 n.). Es folgen die **vier Evangelien**, und zwar in der Reihenfolge Mk (vor 70), Mt und Lk (um 80) und Joh (um 100).

3.1.2 Exkurs: "Evangelium" und die Evangelisten

Im **Profangriechischen** meint euangelion (lat.: evangelium) "gute Nachricht" oder auch "Lohn für den Überbringer einer guten Nachricht". Im antiken Herrscherkult kam eine besondere Verwendung dieses Begriffs hinzu: freudige Ereignisse im Leben des Herrschers, später besonders des römischen Kaisers, wie Geburtstag, Thronbesteigung, Sieg über Feinde etc. wurden als "Frohe Botschaften" (evangelia) im ganzen Römischen Reich verkündet (z.B. Inschrift von Priene / Kleinasien, 9.v.Chr., zum Geburtstag des AUGUSTUS).

Im **AT** kommt der Begriff profan und theologisch vor, letzteres etwa Jes 52,7 (GOTT hat seine Herrschaft angetreten) oder Jes 61,1 f. (Ausrufung eines Gnadenjahres des HERRN, was JESUS in Lk 4,16-21 auf sich bezieht).

Im **NT** wird der Begriff für den religiösen Bereich reserviert, macht aber eine Entwicklung durch: Zunächst werden urkirchliche Kurzformeln des Glaubens (z.B. 1 Kor 15,3-5) als euangelion bezeichnet. - Für PAULUS ist **das** euangelion die Botschaft vom Gekreuzigten und Auferstandenen, und zwar sowohl ihrem Inhalt nach als auch im Vollzug dieses Inhalts in Verkündigung und Leben (1 Kor 9,14). - Bei Mk 1,1 weitet sich der Begriff Evangelium auf das ganze CHRISTUSereignis aus, das bei ihm mit dem öffentlichen Wirken des Erwachsenen beginnt, bei Mt und Lk mit den Kindheitsgeschichten und bei Joh mit dem präexistenten LOGOS. Die

literarische Gattung Evangelium wurde **von Mk geschaffen** und erst nachbiblisch für diese Literaturgattung reserviert. Es ist kein bloßer Bericht über Leben und Lehre JESU, sondern eine **Deutung** des Wirkens JESU aus dem Glauben und für den Glauben. Daher ist zu beachten:

> Nur in wenigen Fällen - und auch hier nicht mit absoluter Sicherheit - ist es möglich, **ureigene JESUSworte** ("ipsissima vox") zu identifizieren, nämlich dann, wenn Aussprüche JESU weder zu Seiner jüdischen Umwelt noch zur nachösterlichen Gemeinde passen. Meist aber können wir nicht mit Sicherheit entscheiden, was der irdische JESUS sagte und was Gemeindebildung (**"Herrenworte"**) ist. Allerdings sollte man, wenn man die neue Gegenwart CHRISTI in Seiner Kirche oder, was dasselbe meint, die Inspiriertheit der Schrift, ernst nimmt, diesen Unterschied nicht überbetonen.

> Auch die Unterscheidung von **Historie** (tatsächlicher Geschichte) und **Kerygma** (Verkündigung, Glaubensbotschaft) wird der Bibel wenig gerecht. Denn die Bibel ist an bloßer Historie überhaupt nicht interessiert, sondern immer an der gläubigen Deutung eines Ereignisses - biblische Texte sind daher immer "Geschichten um Geschichte", und zwar in untrennbarer Einheit (vgl dazu: KREMER J., Die Osterevangelien - Geschichten um Geschichte, KBW/Stuttgart und Klosterneuburg, 1977.

> Wir müssten uns wieder stärker daran gewöhnen, dass "wahr" und "wirklich" nicht unbedingt identisch sein müssen - dass etwa ein "unwirkliches" (d.h. der Wirklichkeit nicht entsprechendes) Gemälde eine viel tiefere Wahrheit aussagen kann als ein "wirkliches" (der Wirklichkeit entsprechendes) Photo. Ich bringe dazu ein von Prof. KREMER oft verwendetes Beispiel: Auf dem Isenheimer Altar steht JOHANNES der Täufer unter dem Kreuz und zeigt auf CHRISTUS - historisch ist das falsch, und dennoch ist damit eine wahre Aussage getroffen, nämlich, dass die Bibel JOHANNES als den Vorläufer CHRISTI darstellt. Ein differenzierteres Wahrheitsverständnis wurde auch vom Vat.II bestätigt (DV 3,11): Die **Heils**wahrheit ist in der Schrift irrtumsfrei enthalten, auf anderen Gebieten sind - etwa aufgrund eines überholten Weltbildes oder menschlicher Unkenntnisse des Verfassers - Irrtümer möglich.

Eine Zeitlang wurde, vor allem seitens der evangelischen Theologie, eine **Ent mythologisierung** der Bibel gefordert, ein von dem evangelischen Theologen Rudolph BULTMANN geprägter Begriff. Man meinte, die im Rahmen des antiken Weltbildes entworfenen biblischen Bilder in unsere Zeit übersetzen zu müssen - was aber, entgegen aller gegenteiligen Beteuerungen, vielfach nicht zu einer Übersetzung, sondern zu einer

Eliminierung dieser Bilder führte. Letztlich dürfte der Forderung nach Entmythologisierung ein Missverständnis zugrunde liegen: Die Bibel, vor allem das NT, enthält kaum Mythen im eigentlichen Sinn, da diese auf einem noch undifferenzierten und ungeschichtlichen Denken beruhen, beheimatet in der heidnischen Götterwelt, wohl aber bedient sie sich häufig bildhafter **Symbole**, um mit irdischen Bildern Geistig-Geistliches auszudrücken – sämtliche Gleichnisse können hierfür als Beispiel gelten. Diese Art der Symbolik ist aber **nicht eliminierbar**, weil wir Geistiges gar nicht anders als symbolisch veranschaulichen können. Kurz: man muss nicht entmythologisieren, weil die Schrift keine Mythen enthält, und man darf nicht entsymbolisieren, weil die Schrift sonst ihren Sinn verliert.

Auf Mk geht aber nicht nur die Erfindung der Gattung Evangelium zurück, sondern auch die Idee, das Leben, Sterben und Auferstehen JESU mithilfe des **Wegmotivs** sinnvoll zu ordnen - als Weg von Galiläa nach Jerusalem. Der geographische Weg als Bild des Lebensweges ist ein allgemeinverständliches und insofern "wahres" Symbol; historisch ist es falsch, da JESUS als frommer Jude natürlich weit öfter in Jerusalem war, wahrscheinlich zumindest seit Seiner Volljährigkeit drei Mal im Jahr zu den großen Wallfahrtsfesten.

Die Tatsache, dass sich viele Perikopen bei Mt, Mk und Lk in ziemlich ähnlicher Form finden, war in der Kirche früh bewusst. Daher nannte man diese drei Evangelisten die **Synoptiker** ("Zusammenschauer"). Die sog. **"synoptische Frage"** beschäftigt sich damit: "Wer hat von wem abgeschrieben?" (KREMER).   Hier der heute Erklärungsversuch, die **Benutzungshypothese (2-Quellen-Theorie)**:

Es ist mit einem **3fachen Sitz im Leben** zu rechnen (Formgeschichte: WREDE, WELLHAUSEN, GUNKEL), d.h. 1. Worte und Taten JESU - 2. mündliche und z.T. schriftliche Überlieferung der Urkirche - 3. Redaktion durch die Evangelisten

Die **Gemeinsamkeiten** zwischen Mk, Mt und Lk sind bei vielen Perikopen so groß, dass eine **direkte**

literarische Abhängigkeit bestehen muss - d.h. sie haben nicht bloß eine gemeinsame Vorlage,   denn da würden sich ihre sprachlichen und theologischen Eigenheiten stärker bemerkbar machen, sondern voneinander abgeschrieben.

Für die Frage, wer von wem abgeschrieben hat, ist zu beachten:

> Erstens, dass Mt und Lk Mk häufig sachlich und/oder stilistisch **verbessern** - das spricht für eine Priorität des Mk -, dass Mt und Lk dies aber unabhängig voneinander tun;

> zweitens, dass die Reihenfolge von Mt und Lk nur dort übereinstimmen, wo sie mit Mk übereinstimmen;

> drittens, dass Mk alle politischen Anklänge in seinem MESSIASbild vermeidet, Mt und Lk hier aber sorgloser sind: das spricht dafür, dass Mk in einer politisch brisanten Zeit schrieb (unmittelbar vor oder im Jüdischen Krieg, 67-70 n.), Mt und Lk aber später.

Doch weisen Mt und Lk auch viele Texte auf, die sich bei Mk überhaupt nicht finden - auch das spricht dafür, dass sie nach Mk geschrieben und noch weiteres Material verarbeitet haben. Unter diesen lassen sich **zwei Gruppen** unterscheiden:

> Einerseits **Sondergut**, d.h. Perikopen, die sich entweder **nur** bei Mt oder **nur** bei Lk finden (z.B. sind gerade die bekanntesten und schönsten Gleichnisse des NT Sondergut des Lk, wie das des barmherzigen Samariters und das des barmherzigen Vaters).

> Andererseits finden sich bei Mt und Lk Gemeinsamkeiten, die bei Mk nicht vorhanden sind, und diese Gemeinsamkeiten bestehen in **Reden JESU**. Man nimmt daher an, dass Mt und Lk nicht nur Mk als Quelle verwendeten, sondern dass ihnen eine weitere, heute verlorene, schriftliche Quelle zur Verfügung stand. Diese Quelle muss, wegen der genauen Entsprechungen bei Mt und Lk, eine schriftliche gewesen sein, und wird, weil wohl hauptsächlich Reden enthaltend, als **Redequelle** bezeichnet und mit **"Q"** ("Quelle") abgekürzt·

Weil also Mt und Lk **zwei** schriftliche Quellen benützten, nämlich Mk und Q, spricht man von einer **"Zweiquellentheorie"**.

Markus (Mk) war Heidenchrist und schrieb vor 70 n.Chr. Er hat einfache Sprache, ist Erfinder des Wegmotivs (Lebensweg JERUS als Weg von Galiläa nach Jerusalem), JESUS ist „trotzdem" („sub contrario"), d.h. obwohl Er unverstanden bleibt und schließlich getötet wird, der SOHN GOTTES; da Mk noch vor der politisch brisanten Zeit des Jüdischen Krieges schrieb, wollte er die politisch unruhige Stimmung nicht anheizen, daher findet sich nur bei ihm das MESSSIASgeheimnis.   Hauptakzent: **JCHR = SOHN GOTTES, verhüllt im Menschlichen, in Leid u. Tod**

Matthäus (Mt) schrieb um 80 n. und war ein rabbinisch gebildeter Judenchrist. Er übernahm das Wegmotiv, schob aber als Parallele zur Tora 5 große Reden ein, die JESUS als neuen MOSE ausweisen sollten. Dieses Evangelium ist am stärksten lehrhaft.

Lukas (Lk) schrieb auch um ca 80 n. und war gebildeter (er zitiert mehrmals aus griechischen Tragödien), sozial interessierter Heidenchrist. Auch er übernahm das Wegmotiv, seine Einschübe sind Heilungserzählungen und Gleichnisse. JESUS wird als Heiland, als GEISTträger und als Mitte der Geschichte dargestellt, daher schrieb er um 90 die **Apg** als Fortsetzung seines Evangeliums: War im Evangelium CHRISTUS der GEISTträger, so geht diese GOTTESverbindung in der Apg auf die Kirche über.

Um 100 schrieb ein oder - wahrscheinlich mehrere - Verfasser das **Joh-Ev**, das das Wegmotiv zugunsten eines anderen Konzepts aufgibt: JESUS als **der** Offenbarer GOTTES offenbart Sich zuerst in der Öffentlichkeit, dann, als Er zunehmend auf Ablehnung stößt, in Seinem Jüngerkreis und schließlich endgültig durch Tod und Auferstehung.

Um die Wende des 1. zum 2.Jh. entstanden weitere **Briefe** (Kap. 6) und die **Offenbarung** eines Sehers namens JOHANNES.

In der gesamten Antike ist mit **vielen pseudonymen Werken** zu rechnen, sog. "Pseudepigraphien", d.h. mit Werken, die einem falschen (pseudos=Betrug) Verfasser zugeschrieben wurden, und zwar aus mehreren Gründen:

Dadurch, dass man den Namen für den Träger des Wesens hielt (vgl. Gebot zur Heiligung des GOTTES-namens), hatte man eine Abneigung vor anonymen Werken, d.h. vor Werken, deren Verfasser man nicht kannte.

Der Begriff "geistiges Eigentum" wurde anders als heute verstanden: Schüler schrieben häufig im Namen ihres Lehrers - vgl. Deutero- und TritoJESAIA im AT, DeuteroPAULINEN (unechte PAULUS-briefe) im NT: dies war sowohl ein Kompliment für den Lehrer als auch eine Möglichkeit für einen unbekannten Autor, sich unter einem bekannten Namen Gehör zu verschaffen. In der bildenden Kunst war dieses Vorgangsweise bis in die Neuzeit üblich.

So entwickelte sich auch gegenüber den Evangelisten die Tendenz, sie zu Aposteln (Mt, Joh) oder zumindest zu Apostelschülern (Mk, Lk) zu machen.

3.1.3 JESUS CHRISTUS - eine geschichtlich greifbare Persönlichkeit?

Von Gegnern des Christentums wurde und wird wiederholt die absurde These vertreten, JESUS von Nazareth habe gar nicht gelebt. Diese Annahme ist unhaltbar, weil es auch außerchristliche historische Zeugnisse gibt, die die Existenz JESU bestätigen. Dass also etwa von 7 v. bis 30 n. ein Zimmermann oder besser Bautischler namens JESUS als Wanderprediger umherzog und schließlich gekreuzigt wurde, ist eine historische Tatsache. Eine Glaubensfrage - die jeder nur für sich selbst entscheiden kann - ist hingegen, ob man diesen predigenden und hingerichteten Bautischler für den SOHN GOTTES und Erlöser der Menschen hält.

3.1.4 Die Apg (Apostelgeschichte) als erste Kirchengeschichte

Lk schrieb die Apg sicher nach dem Evangelium, aber vor der Verfolgung durch DOMITIAN, also zwischen 80 und 90. Das zeigt sein Geschichtsverständnis: Vorgeschichte: AT – Zentrum: JESUS CHRISTUS – Nachgeschichte: Kirchengründung bis Vollendung der Schöpfung. Die Apg ist nicht nur als erste Kirchengeschichte bemerkenswert, sondern auch deshalb, weil GOTT in ihr immer im Hintergrund gegenwärtig ist – spätere Kirchengeschichten verzichten leider auf diesen Background.

In der Einleitung (Apg 1) beauftragt der Auferstandene zum **CHRISTUSzeugnis** – in Jerusalem (Apg 2-7), in Judäa und Samaria (Apg 8-14) und „bis ans Ende der Welt" (Apg 15-28): dieser Auftrag zu Mission besteht bis heute – analog zum Missionsauftrag am Ende des Mt-Ev: **an keiner Stelle ist im NT Mission mit Gewalt verbunden!**

3.1.5. Die Loslösung vom Judentum

Das Christentum war zunächst eine jüdische Sekte: JESUS und seine Apostel und Jünger und Jüngerinnen waren allesamt Juden. Da der Missionserfolg bei den Juden gering war, wendeten sich die Christen ab dem sogenannten „Apostelkonzil" (49 n) auch an Heiden, und das mit größerem Erfolg: Die Juden waren ja schon in eine Hochreligion verwurzelt, viele Heiden aber sehnten sich nach einer solchen. Der radikalste Schnitt aber erfolgte durch den **Jüdische Krieg** gegen die Römer, von 66 n.Chr. bis 70 n.Chr (Zerstörung des Jerusalemer Tempels) bzw 74 n.Chr. (Fall Masadas, der bislang uneinnehmbaren Wüstenfestung). Im NT lässt sich das gut nachverfolgen: MARKUS, der älteste Evangelist, stellt PONTIUS PILATUS noch so negativ das, wie er gewesen sein muss – die Statthalterschaft in Judäa war ja eine Strafversetzung) -, von Evangelist zu Evangelist wird er sympathisch, am meisten im letzten Evangelium; parallel dazu wird die Schuld am Tod JESU immer mehr von den Römern weg zu den Juden verschoben. Das ist nicht nur historisch falsch – in besetzten Gebieten hatten nur die Römer Blutgerichtsbarkeit -, sondern leider durch Jahrhunderte zu einem furchtbaren Verhalten der Christen gegenüber Juden geführt hat.

3.2 Der Aufstieg und Niedergang des Christentums von 313 bis heute

Dafür habe ich Elmar Forster gebeten – vielleicht unter Einbeziehung der folgenden Gedanken

Heute wird gern ein Vergleich zwischen der Völkerwanderung und der heutigen Migrationsbewegung gezogen – meist, um letztere zu verharmlosen. Doch dieser Vergleich ist besonders unpassend.

1) Die Wanderbewegungen führten zu einem Verfall der meisten römische Kultureinrichtungen, besonders von Bildungsinstitutionen. In der Bauern- und Familienkultur der Frühzeit (bis zu den Punischen Kriegen war die Erziehung bäuerlich, militärisch und religiös ausgerichtet) dominierte das Ideal des **"vir bonus"** (des guten und tüchtigen Mannes) und des **"mos maiorum"** (Sitte der Vorfahren). Der durch die Punischen Kriege ausgelöste Hellenisierungsprozess war zunächst umstritten (Gegner CATO maior), setzte sich aber durch. Bis zum 7.Lj. erfolgte die Erziehung durch die Mutter und/oder gebildete Sklaven, vom 7. bis zum 10.Lj. besuchten **alle** Kinder, also auch die Mädchen, die (seit der Zeitenwende **öffentliche) Elementarschule** (ludus, w. Spiel), wo sie Lesen, Schreiben und Rechnen lernten. Mädchen lernten dann daheim die häuslichen Fertigkeiten, nur wenige Adelige erhielten eine höhere

Bildung. Ärmere Knaben erlernten den Beruf ihres Vaters. Nur die Söhne der Wohlhabenden konnten sich weiterbilden; vom 10. bis zum 14. Lj. in der Grammatikschule, dann in der Rhetorikschule (wichtig für die politische und juristische Laufbahn) und evtl. noch in Philosophie, wobei für die Rhetorik- und Philosophieausbildung Schulen in Griechenland bevorzugt wurden. - Vollendetste Verkörperung des römischen Bildungsideals war CICERO, Staatsmann, Advokat, Rhetor und (eklektischer) Philosoph.

Seit den Wirren der Völkerwanderung gab es keine Schulpflicht, daher war der Großteil der Bevölkerung Analphabeten – meist auch die Herrscher und der Hochadel, die mit Wein, Weib, Jagd und Krieg ausreichend beschäftigt waren. Daher kam dem Stand der Mönche eine große Bedeutung zu, sie waren die Einzigen, die man als „gebildet" bezeichnen konnte. Daher warn die Dom- und Klosterschulen und kirchlichen Universitäten lang die einzigen Bildungsinstitutionen.

Wenn man bedenkt, dass in den Habsburger-Ländern erst unter MARIA THERESIA die Schulpflicht wiedereingeführt wurde, also nach 1300 Jahren, kann leicht erkennen, wie rasch kulturelle Errungenschaften zerstört und wie langsam sie wiederaufgebaut werden können.

Ferner war die Kirche im MA führend in Ackerbau, Viehzucht, (Kunst)Handwerk und Wissenschaften

2) In der Antike gab es **Sozialeinrichtungen** nur für Reiche, im MA führte nur die Kirche Spitäler, Waisenhäuser, Siechenheime etc – in der sog. 3.Welt ist das bis heute vielfach so, in der sog. 1.Welt teilt sich der Staat diese Aufgaben mit der Kirche.

3) Der wesentlichste Unterschied zwischen der damaligen Völkerwanderung und der heutigen Immigration ist aber folgender: abgesehen von den Hunnen, die aber zurückgeschlagen werden konnten, bewunderten die eindringenden germanischen Stämme die römische Kultur und waren, wenn auch noch geteilt in arianisch und katholisch (noch im ursprünglichen Sinn von „allgemein"), allesamt Christen. Daher verursachten auch die Immigrationen im 20.Jh keine besonderen Schwierigkeiten: Die Sudetendeutschen 1946, die Ungarn 1956, die Tschechen 1968 teilten allesamt unsere Kultur und waren Christen und waren quantitativ überschaubar. Seit 2015 überfluten uns Moslems, die kulturell völlig anders geprägt sind. Vereinfacht kann man

sie in drei Gruppen einteilen: solche, die sich wirklich integrieren wollen, um hier ein besseres Leben zu finden. Solche, die die Immigration als eine Form des Djihad (s.u.) sehen. Und solche die noch unentschlossen dazwischenstehen, aber im Fall einer Auseinandersetzung sich sehr auf die Seite der Djihadisten schlagen könnten – die Einschätzung ist aufgrund der Taqiyya (s.u.) kaum möglich).

3.3 *Exkurs: Schari'a und Djihad*

Djihad meint in der Grundbedeutung nur „Anstrengung" – vom „Krieg" gegen den eigenen Egoismus bis hin zum Krieg gegen „Ungläubige", auf entsprechende Suren gehe ich noch im 4.Teil ein. Jetzt nur so viel: es wird, solange man in der Minderheit ist, empfohlen, friedlich einzuwandern und sich scheinbar anzupassen – die Taqiyya (Täuschung) von Ungläubigen ist ja nicht nur erlaubt, sondern sogar geboten! -, sich möglichst rasch zu vermehren und, wo möglich, Institutionen schon zu unterwandern, und schließlich, wenn man die Mehrheit hat, die jeweilige Landesverfassung aufzuheben und stattdessen die Schari'a einzuführen. SPÖ-Abgeordnete wie Al RAWI vertreten das schon öffentlich, wie etwa in Ö 24 - und niemand widerspricht ihnen.

Um eine einseitige Bewertung zu vermeiden, möchte ich nicht unerwähnt lassen, dass die Kirche ja wirklich lange der Kulturträger schlechthin war, aber natürlich auch immer der Verführung zu Machtmissbrauch ausgesetzt war. Macht ist nun einmal etwas Verführerisches, zumal für Menschen, die auf die Befriedigung anderer Bedürfnisse verzichten oder zumindest verzichten sollen. JESUS hat der Versuchung nach Weltmacht widerstanden und ist darin Vorbild jedes Christen – d.h. aber nicht, dass jeder Christ diesem Vorbild nacheifert.

Und ein zweites: Warum ist das Römische Reich erst durch Unterwanderung und Eroberungen gefährdet worden, nachdem es den mos maiorum immer mehr zugunsten eines hedonistischen Luxuslebens aufgegeben hatte? Viele „moderne" Historiker leugnen das, weil wir in einer ebensolchen Zeit leben. Aber man muss nur einmal SUETONS Kaiserviten gelesen haben, um diesen moralischen Verfall und zugleich die erschreckenden Parallelen zu heute zu sehen.

Zu Schari´a und Djihad sollte Christian Zeitz schreiben

4. DER GEGENWÄRTIGE SELBSTMORD DES CHRISTEN-TUMS IM EUROPA

Wir haben bisher zu zeigen versucht, dass die Hauptwurzel Europas das Christentum darstellt, die Nebenwurzeln die griechische Philosophie und Kunst, das römische Recht und die Aufklärung. Diese Wurzeln werden seit dem 20.Jh durch drei Ideologien massiv bedroht – und das Gros der wohlstandseingeschläferten Europäer kann oder will das nicht sehen.

Zur Erinnerung: Wir verstehen unter einer **Ideologie** die Verwendung einer richtigen Nachkon-struktion einer Teilwirklichkeit zur Deutung der Gesamtwirklichkeit. Solche Denkfehler sind keineswegs harmlose, sondern haben meist massive negative Folgen. Daher wäre es sinnvoll,_solche Ideologien zu entlarven und zu verbieten, bevor ein hoher Blutzoll zu zahlen ist. Leider wurde bisher nur eine der drei Ideologien in Europa verboten – damit meine ich nicht, dass diese erlaubt werden soll, sondern auch die anderen beiden verboten.

4.1 Darf ein demokratischer Rechtsstaat alle Weltanschauungen tolerieren?

Bis in die Neuzeit hinein wurden in Europa rechtliche und ethische Werte und Gebote in GOTT fundiert, obwohl bereits JESUS zwischen Recht und Ethos unterschieden hatte – so in den Antithesen der Bergpredigt und im dem Satz „Gebet dem Kaiser, was des Kaisers ist….". JESUS spricht in der Bergpredigt ausdrücklich die Gesinnung (das "Herz") an - staatliche Gesetze aber können, um sanktionsfähig zu sein, nur das Äußere einer Handlung betreffen. Versucht man Gesinnung zu erzwingen, landet bei der Inquisition und Folter.

Der große Philosoph KANT war an der Wende des 18./19 Jhs der erste, der erkannte, dass die religiöse Fundierung nicht mehr alle Menschen verpflichtet und sah fast prophetisch voraus, immer weniger Menschen verpflichten würde. Sollen rechtliche und ethische Regelungen ausnahmslos **alle** Menschen betreffen, brauchen sie eine andere Fundierung – eine, die für alle gilt, die aber doch offen auf eine religiöse Überhöhung hin bleibt.

Wiederholung: Während Tier"staaten" automatisch, weil instinktgesteuert, funktionieren, muss der Mensch jede Form von Gemeinschaft bewusst und frei bilden. Unverzichtbare Voraussetzung dafür ist, dass zusammenlebende Menschen nach solchen Gesetzen leben, die - bei aller historischen und kulturellen Verschiedenheit - dem einen Ziel dienen, das friedliche Zusammenleben von Menschen zu ermöglichen. Ob sie dies tun, wird nach dem **"Rechtsgrundsatz"** beurteilt: *Meine äußere Freiheit endet dort, wo die des anderen beginnt.* Zur Durchsetzung der Gesetze und damit des Rechtszustandes bedarf es der Institution **Staat.** Obwohl aber das Recht prinzipiell erzwingbar ist, können nicht alle Staatsbürger auch faktisch zur Rechtseinhaltung gezwungen werden – denn: Wer zwingt dann wen? Diese Schwierigkeit der mangelnden Sanktionsfähigkeit des Rechts erhöht sich in der Sphäre des Völkerrechts: Denn es gibt keine überstaatliche Organisation, die mächtiger wäre als alle in ihr vertretenen Einzelstaaten. Dadurch besteht eine permanente Kriegsgefahr – der rechtlich nicht geregelte Zustand ist ja ein möglicher Kriegszustand, bei den heutigen Waffen keine beruhigende Aussicht.

Dieses Problem löst nur die **Sittlichkeit oder Ethik,** die vom Menschen ein allgemeingültiges Handeln, und zwar als **Ganzheit** von innerer Gesinnung und äußerer Tat, fordert – KANT formuliert diese Forderung in seinem **Kategorischer Imperativ**, einfacher ausgedrückt: Handle so, wie jeder Mensch an Deiner Stelle handeln müsste. Oder biblisch: *"Liebe Deinen Nächsten wie Dich selbst"* oder *„Alles, was ihr von anderen erwartet, das tut auch ihnen"* entspricht. Da Sittlichkeit immer die Einheit von innerer Gesinnung und äußerer Tat betrifft, kann sie nicht erzwungen werden – kein Mensch kann letztlich die innere Gesinnung eines anderen kennen. Zu dieser Haltung kann nicht gezwungen, sondern nur erzogen werden – die Rechtsebene ist also der Bereich der **Politik,** die sittliche Ebene die der **Pädagogik.**

Ein friedliches Zusammenleben von Menschen ist daher nur möglich, wenn zumindest die Rechtebene und damit das Respektieren der Freiheitsäußerungen der anderen eingehalten wird. Somit ist die Rechtsebene innen- und außenpolitisch die **Untergrenze verantwortbarer Toleranz.** Ohne einen solchen Maßstab würde Toleranz zu einem verschwommenen Gewährenlassen, das keineswegs zu einem friedlichen Zusammenleben führt.

Sehen wir auf die theoretische Lehre anderer Hochreligionen, können wir feststellen, dass dieser Grundsatz nur im Buddhismus, Judentum und

Christentum uneingeschränkt vertreten wird, im Hinduismus und Islam aber bereits theoretisch Einschränkungen vorhanden sind, da dort Mensch-Sein anders definiert wird – im Islam haben Nicht-Moslems und Frauen eine untergeordnete Rolle, im Hinduismus bringt das Kastenwesen starke Abstufungen mit sich, obwohl es ja auf dem Papier abgeschafft wurde. – Auch bei atheistischen Weltanschauungen müssen wir differenzieren: es gibt solche, die aus rein humanitären Überlegungen heraus Menschenrechte und Weltethos achten – und diese sind selbstverständlich zu tolerieren – und solche, die das nicht tun.

Praktisch finden wir selbstverständlich in allen Weltreligionen und in allen anderen Weltanschauungen Verstöße gegen Recht und Ethos. Wo diese auch die Rechtsebene als Minimalebene menschlichen Zusammenlebens verletzen, sollten Sanktionen gesetzt werden – soweit dies möglich ist. Hier wäre einerseits eine Politik mit Rückgrat gefragt, anderseits das bewusste Boykottieren von Ländern, die Menschenrechte verletzen, als Handelspartner und Urlaubsziele.

Unsere Toleranz darf nur so weit gehen, als ein friedliches Zusammenleben der Menschen verschiedener Weltanschauungen nicht gestört ist. Das ist auch der Beurteilungsmaßstab, welche Parteien in einem Rechtsstaat geduldet werden dürfen – und da bräuchte es den Mut, das NS-Verbotsgesetz auf andere Parteien auszudehnen.

Ley – vielleicht unter Einbeziehung meiner Gedanken

4.2 Der Marxismus

4.2.1 Marxismus, Kommunismus, 68er-Ideologie

Karl MARX aus Trier (1818-1883) studierte Jus, Philosophie und Geschichte. Im Volksschulalter aus gesellschaftlichen Gründen getauft, empfand er GOTT zeitlebens als einen aus humanitären Gründen abzuschaffenden Despoten. Da ihm aufgrund seiner jüdischen Abkunft die akademische Laufbahn verschlossen war, wurde er zunächst Redakteur. Betroffen durch die immer ärger werdenden Sozialverhältnisse, entwickelte er radikale philosophisch-politische Ideen. Deswegen musste er ins Exil nach London, wo er mit **Friedrich ENGELS** zusammenarbeitete.

Unter dem Eindruck der erdrückenden Macht des Wirtschafts-Liberalismus erklärte MARX die **Wirtschaft** (Produktionsverhältnisse) für **die Wirklichkeit** überhaupt - die Wirtschaft übernimmt damit die Rolle von HEGELS Absolutem! - und verallgemeinerte daher **die Methode der Einzelwissenschaft Ökonomie** so, dass diese mit Philosophie zusammenfiel. Die Einzelwissenschaft Ökonomie (Wirtschaftswissenschaft) thematisiert ausdrücklich nur wirtschaftliches Handeln des Menschen, d.h. solches Handeln, das der Befriedigung materieller Bedürfnisse dient und sich im Kreislauf von Produktion, Distribution und Konsumtion entfaltet. Ökonomie als Einzelwissenschaft leugnet damit keineswegs, dass es auch anderes Handeln des Menschen als wirtschaftliches gäbe, doch reduziert sie - im Sinne der methodischen Abstraktion, die jede Einzelwissenschaft vornehmen muss - ihre Untersuchungen auf das ökonomische Handeln.

Die Wirtschaft bezeichnet MARX als Unterbau oder **Basis**. Alle anderen Bewusst-Seins-Bereiche, wie etwa Politik, Staat, Recht, Moral, Kunst, Wissenschaft, Religion, sind bloßer Überbau oder **Ideologie**, verwendet also einen anderen Ideologiebegriff als wir: *"Es ist nicht das Bewusstsein der Menschen, das ihr Sein, sondern umgekehrt ihr gesellschaftliches Sein, das ihr Bewusstsein bestimmt"* (MEV 1,8). Da ihnen keine eigene Wirklichkeit zukommt, reicht die Änderung der Basis zur Änderung der Gesamtwirklichkeit. Religion („Opium für das Volk") wird überhaupt überflüssig, weil in gerechten sozioökonomischen Verhältnissen eine Vertröstung auf ein Jenseits überflüssig wird. Dieses Denkmodell wird als **"dialektischer Materialismus" (DIAMAT)** bezeichnet. Da MARX die Bewusstseins-Dialektitk auseinanderreißt und das Bewusstsein nur als Folge, nicht aber als in Wechselbeziehung zum Sein stehend sieht, passt die Bezeichnung dialektischer Materialismus eigentlich nicht ganz.

Dieser DIAMAT wird, zur Interpretation der Geschichte herangezogen, zum **historischen Materialismus (HISTOMAT)**. Träger des geschichtlichen Wirtschaftsprozesses sind nicht Einzelindividuen, sondern **Klassen**, d.h. aus ökonomischen Gründen zusammengehörende Gruppen. Da die jeweils höchste Klasse die anderen Klassen auszubeuten sucht, lehnen sich diese dagegen auf, wozu aber immer nur die nächstniedrigere eine reale Chance hat. Daher ist **Geschichte** immer **Geschichte des Klassenkampfes**. MARX erklärt aber weder, warum die Geschichte eine Geschichte der Klassenkämpfe ist noch, wieso es Kulturen gibt, für die das offenbar nicht gilt (z.B. das religiös stabilisierte und nicht wirtschaftlich motivierte Kastensystem Indiens).

Dieser Klassenkampf muss so lange weitergehen, bis die unterste Klasse, das Proletariat, an die Herrschaft gelangt ist (**"Diktatur des Proletariats"**): denn erst aufgrund der Industriellen Revolution ist die Gesellschaft auf bloß 2 Klassen reduziert, die Kapitalisten (also die Besitzer der Produktionsmittel) und die Proletarier (besitzen nur ihre Arbeitskraft und müssen diese und daher sich selbst warenanalog verkaufen: sie haben also im Klassenkampf nichts zu verlieren und alles zu gewinnen). Das wichtigste Mittel dazu ist die "Sozialisierung" (Verstaatlichung) des gesamten Produktionsprozesses und damit **die Aufhebung des Privateigentums an Produktionsmitteln** ("Expropriation der Expropriateure"): nur dadurch kann der Unterschied von Produzenten ("Kapitalisten") und Arbeitnehmern ("Proletariern") beseitigt werden. Das entsprechende Wirtschaftssystem ist das der zentralgelenkten Planwirtschaft. Dadurch wird die **"klassenlose Gesellschaft"** und somit das Aufhören des Klassenkampfes und schließlich jedes Krieges erreicht und eine Art Paradies auf Erden geschaffen – das Konzept ist also eine säkularisierte Eschatologie und kann seine biblischen Wurzeln nicht leugnen.

MARX selbst ließ dabei offen, ob diese klassenlose Gesellschaft aufgrund von Geschichts"gesetzen" gleichsam automatisch entstehen werde oder ob sie aktiv herbeigeführt werden müsse, wobei sich in letzterem Fall die Alternative Revolution / Reformation bietet - eine Unklarheit, die in der Folge zu Spaltungen des Marxismus führte, deren wichtigste die in **Kommunismus (Revolution) / Sozialismus (Reformation)** ist.

MARX selbst war eher Philosoph als Politiker oder gar Revolutionär, doch griffen andere seine Ideen auf, die als Antwort auf die brisant gewordenen sozialen Probleme verstanden wurden.

In gemäßigter Form tat dies der **Sozialismus**, der durch Reformation (Anstreben einer parlamentarischen Mehrheit) die Verstaatlichung des Privateigentums an Produktionsmitteln und entsprechende Sozialgesetze herbeiführen will bzw. wollte. In der Bekämpfung des Arbeiterelends hatte der Sozialismus, meist in Zusammenarbeit mit Gewerkschaften, unbestreitbare Erfolge - doch zeigten sich gerade in und nach der Wirtschaftswunderzeit des Zweiten Weltkriegs seine Grenzen: Erstens, dass nach Erfüllung der berechtigten materiellen Bedürfnisse des Menschen eine Lücke bleibt, die nicht materiell ausgefüllt werden kann: HORKHEIMER, einer der Hauptvertreter der Frankfurter Schule nannte dies treffend „Sehnsucht nach dem ganz Anderen". Zweitens aber zeigt sich gerade in unserer Zeit, dass verstaatlichte Wirtschaft gegenüber der "kapitalistischen" Privatwirtschaft auf Dauer nicht konkurrenzfähig ist, d.h.

die Erfüllung der materiellen Bedürfnisse des Menschen weniger leisten kann als diese: Jetzt eben erleben wir ein ganz und gar "unmarxistisches" Umdenken in Richtung Privatwirtschaft, freilich (noch?) ergänzt durch eine entsprechende (öko-)soziale Gesetzgebung - ein Gedanke, den die Katholische Soziallehre Jahre früher mit leider geringem Erfolg propagiert hatte.

Diese beiden Krisenpunkte würden sich im **Kommunismus** natürlich noch stärker zeigen als im Sozialismus, nur "durften" sie es bisher nicht. Der Kommunismus hatte MARX ja dahingehend interpretiert, dass die Verstaatlichung der Produktionsmittel und die Diktatur des Proletariats durch Revolution herbeigeführt werden müssten. Doch fehlte bis zur Russischen Revolution das nötige Zusammentreffen einer politisch tüchtigen revolutionären Clique mit besonders miserablen sozio-ökonomischen Bedingungen: Genau das geschah im Russland von 1917. Die seit den "aufgeklärten" Zaren PETER und KATHARINA immer wieder versuchten Sozialreformen waren an der Korruption der Führungsschichten und an der Unbildung des Volkes gescheitert; der Erste Weltkrieg wurde nicht als Sache des ohnedies ausgebluteten Volkes empfunden. Diese Situation nützte der politisch hochbegabte **LENIN**, der die marxistische Philosophie-Ökonomie zu einer materialistischen Parteidisziplin vereinfachte. Politisch durchgesetzt hat aber Josef Dschugaschwilli „**STALIN**" (der Stählerne) mit großer Brutalität setzt der das kommunistische Ideal durch – „Säuberungen" der Partei (er lässt TROTZKI ermorden), des Heeres, Zwangskollektivierung der Bauern – man schätzt, dass 70 Mio Menschen ums Leben gekommen sind.

Nach dem Tod STALINS setzte eine langsame Entstalinisierung ein, vor allem unter Michail GORBATSCHOW (Glasnost und Perestroika), der den Kalten Krieg für beendet erklärte und die Wiedervereinigung Deutschland ermöglichte – er erhielt 1990 den Friedensnobelpreis. Doch offenbar war die UdSSR für den Demokratisierungsprozess noch nicht reif, letztlich brach die UdSSR und der gesamte Ostblock zusammen.

Bis in unsere Zeit konnten so die genannten Krisenpunkte - Mensch nicht auf materielle Bedürfnisse reduzierbar, materielle Bedürfnisse durch verstaatlichte Wirtschaft schlecht erfüllbar - gewaltsam unterdrückt werden.

Summary:

MARX geht von der Grundannahme **Wirtschaft ist Wirklichkeit** aus (DIAMAT). Der Wirtschafts-prozess entfaltet sich im Klassenkampf, der erst mit der Aufhebung der Privatwirtschaft und der klassenlosen Gesellschaft endet (HISTOMAT).

Die MARXsche Philosophie-Ökonomie wurde theoretisch verschieden interpretiert, praktisch verschieden realisiert. Heute befinden sich alle marxistischen Strömungen in einer Krise, die einerseits auf der Nicht-Reduzierbarkeit von Wirklichkeit auf Wirtschaft, andererseits auf der Nicht-Konkurrenzfähigkeit der marxistischen Wirtschaft beruhen.

Der klassische Marxismus weist deutliche **Widersprüche** auf:
- In der Theorie: Wären **alle** geistigen Wirklichkeiten Ideologien, also abhängig von der ökonomischen Basis, ist der Wert der marxistischen Philosophie unklar: Entweder sie ist auch "Ideologie", dann fällt ihr Wahrheitsanspruch und damit die Berechtigung zum Klassenkampf weg; oder sie ist als einzige geistige Wirklichkeit keine Ideologie, dann stimmt ihre eigene Grundannahme nicht, dass alle geistigen Wirklichkeiten von der Wirtschaft abhängen.
  Ebenso ist die Behauptung, **alles sei geschichtlich**, widersprüchlich: entweder sie ist auch geschichtlich - dann ist unklar, wann sie gilt -, oder sie beansprucht übergeschichtliche Gültigkeit - dann widerspricht sie sich selbst.

- In der Praxis: Die theoretische Verzerrung hat praktische Konsequenzen - die marxistische Philosophie wird zur "Parteidisziplin", die die Freiheit und persönlichen Bedürfnisse des Einzelnen ausschaltet, und zur "Wirtschaftsplanung", die in die Selbststeuerung der Wirtschaft pfuscht, ohne damit soziale Ziele erreichen zu können.

Versuche, diese offensichtlichen Mängel zu beheben, blieben bisher erfolglos - sie suchten nur den Folgen eines widersprüchlichen Denkansatzes zu begegnen, nicht aber diesen selbst aufzugeben.

Seit Mitte der 60er Jahre protestierten verschiedene Strömungen weltweit gegen die überkommenen politischen, kulturellen und sozialen Verhältnisse und Normen, zusammengefasst als **"68er-Bewegung"**.

// USA: Bürgerrechtsbewegung (Free Speech Movement), die Anti-Vietnamkriegs-Bewegung und die Hippie-Subkultur (Youth International Party)

// Mao Zedong inszenierte 1966 die Kultur-revolution: andere Ziele, aber vielen westlichen Studenten ein Vorbild.

➔ Beginn einer weltweiten **linken Vernetzung,** die sich gegenwärtig immer mehr durchsetzt, ohne dass es die übrige Gesellschaft zur Kenntnis nimmt.

Den philosophischen Background lieferte die neomarxistische **Frankfurter Schule** (ADORNO, HABERMAS, HORKHEIMER, MARCUSE): Verbindung der Dialektik von Theorie und Praxis mit Denkanstößen aus Anthropologie und Psychoanalyse. Sie wendet sich kritisch gegen die neue Form der Ausbeutung des Menschen in der spätkapitalistischen Gesellschaft durch Leistungs- und Konsumzwang, Bürokratie und Technokratie etc. ("Kritische Theorie") und will befreiend ("emanzipatorisch") wirken. Dafür wird nicht die Verbesserung, sondern die Abschaffung der gesellschaftlichen Institutionen gefordert.

Was durch diese Revolution herauskommen soll, bleibt unklar, nachdem die MARXsche Gleichung "heile Wirtschaft = heile Wirklichkeit" kritischer Weise aufgegeben wurde. Wer eine Gesellschaft ruinieren möchte, muss ihre Grundsäulen untergraben:

     Ehe und Familie (Arterhaltung),

     Schulen und Arbeitsstätten (Selbsterhaltung),

     Rechtsstaat (friedliches Zusammenleben),

     Kirchen (Wertvermittlung).

Die gesellschaftsstabilisierenden Institutionen wie Ehe, Familie, Schule, Rechtsstaat und Kirchen wurden zu „**Gesellschaftsneurosen**" erklärt, die abgeschafft werden müssten.

Politisch organisierten sich die 68er vor allem in der APO (außerparlamentarische Opposition: Rudi DUTSCHKE) und der RAF (Rote Armee Fraktion: Andreas BAADER, Ulrike MEINHOF, Gudrun ENSSLIN). Die Emanzipation wurde / wird immer mehr ausgeweitet (Abtreibung, Promiskuität, Homosexualität, Pädophilie, Drogen…) und zur Durchsetzung auch Gewalt salonfähig gemacht.

4.2.2 Verbot linksextremistischer Gruppen

Damit ist selbstverständliche nicht das Verbot sozialistischer – ja nicht einmal kommunistischer -Parteien gemeint, die sich innerhalb rechtsstaatlicher Grenzen bewegen. Hierher gehören verschiedene Gruppen, was die Zuordnung schwierig macht – auch radikale Grüne -, die der deutsche Verfassungsschutz (BMI 2018) treffend definiert hat:

„Linksextremisten verfolgen das Ziel, die bestehende Staats- und Gesellschaftsordnung und damit die freiheitliche Demokratie zu beseitigen und durch ein kommunistisches bzw. anarchisches, "herrschaftsfreies" System zu ersetzen. Die marktwirtschaftliche Eigentumsordnung und der demokratische Rechtsstaat werden dabei als untrennbare Einheit ("Kapitalismus") verstanden, die der Manifestierung von Ausbeutungs- und Unterdrückungsverhältnissen dient, in denen sich wenige Privilegierte auf Kosten einer "Arbeiterklasse" bereichern. Diese Ordnung sei mit der Vorstellung einer Gesellschaft, die auf den Prinzipien von Freiheit und Gleichheit aller Menschen beruhe, unvereinbar. (...) Auch sogenannte revolutionäre Gewalt zur Durchsetzung von linksextremistischen Vorstellungen gilt grundsätzlich als legitim. (...) Materielle Ungleichheit, Rassismus, Verdrängung, Krieg und Umweltzerstörung seien zwangsläufige Entwicklungen im Kapitalismus. Politische Reformen könnten zwar Symptome bekämpfen, eine wirkliche Verbesserung der Lebensumstände der "Arbeiterklasse" könne jedoch nur durch eine vollständige Systemüberwindung erreicht werden.“

Der Staat darf also Gruppen, die seine Aufhebung anstreben, nicht dulden. In Österreich werden von den Mainstreammedien nur die wenigen rechten Gewaltakte breitgetreten, während die von Linken und Moslems schamhaft verschweigen werden. Dabei muss man zugeben, dass die Linken zumindest in Österreich derzeit „nur“ Sachschaden anrichten.

Interessant ist die Verbindung von linken und rechten Extremisten: viele Nachkommen von ehemaligen Nazis sind heute extrem Linke – meinen sie, damit die Fehler oder gar Verbrechen ihrer Eltern oder Großeltern zu sühnen? Sehr interessant ist in diesem Zusammenhang das Buch von Michael LEY, Hitlers Kinder, 2018.

4.3. Der Nationalsozialismus

4.3.1. Die wichtigsten Wurzeln des NS

Die Naturwissenschaft **Biologie** erforscht jenen Teil der empirischen Wirklichkeit, der „lebendig" ist. Biologie wird ideologisch, sobald sie die Besonderheit vernunftbegabter Organismen ausschließlich biologisch zu erklären versucht – der Mensch ist dann **nicht auch, sondern nur** ein nackter Affe. Das ist die Basis der NS-Ideologie, mit der wir uns heute näher beschäftigen wollen.

Die **(National)Ökonomie** beschäftigt sich mit dem wirtschaftlichen Handeln des Menschen. Sie wird ideologisch, sobald sie den Menschen ausschließlich von seinen sozio-ökonomischen Bedingungen her zu erklären versucht. – Ideologie des **Marxismus.**

Biologistische Ideologien (Vgl. DEIFEL E., Ideologische Wurzeln des Nationalsozialismus, in: ANHELL F.,-HAGER G.,1988, Kirche unter dem Nationalsozialismus, Wien, 289-306)

DARWIN hatte in der Natur eine **"natürliche Zuchtwahl"** angenommen, d.h. dass sich im **"Kampf ums Dasein"** nicht nur die jeweils gesündesten und stärksten Exemplare einer Tierart durchsetzen, sondern dass dies auch für das Entstehen / Aussterben der Tierarten selbst gelte: Im Fortpflanzungsprozess entstünden auch vererbbare Mutationen, die, wenn sie sich im "Kampf ums Dasein" bewährten, erhalten blieben, wodurch neue Arten und Unterarten (Rassen) entstünden. Durch diese die Individuen jeder Art und die Arten betreffende natürliche Auslese fände im biologischen Bereich automatisch eine Höherentwicklung statt.

Diese im Rahmen der Biologie bis heute (mit einigen Modifikationen) anerkannte Theorie wurde von Rassentheoretikern vor dem und im Nationalsozialismus **uneingeschränkt** auf den Menschen übertragen, d.h. ohne die Einschränkung, dass der Mensch zwar **auch**, doch **nicht nur** Tier ist - also eine falsche Verallgemeinerung, eine Ideologie. **Rasse** wird zum wesentlichsten Bestimmungs-merkmal des Menschen; dabei machte der Begriff "Rasse" selbst eine geschichtliche Entwicklung durch: Ursprünglich war er etwa gleichbedeutend mit "Volk". Erst aufgrund des natur-wissenschaftlich orientierten Denkens der Neuzeit, vor allem ab dem 19.Jh., wurde Rasse verstanden als Zusammengehörigkeit aufgrund biologisch-vererbbarer Merkmale. Die Geschichte wurde zur **Geschichte der Rassenkämpfe** mit dem Ziel des Sieges der "besten" Rasse gegenüber der bzw. den minderwertigen Rassen.

Diese Rassentheorien waren keineswegs nur, aber auch im deutschen Sprachraum beheimatet - hier sind vor allem zu nennen:

- der französische Rassentheoretiker **J.A. Comte de GOBINEAU** (Hauptwerk: Ungleichheit der menschlichen Rassen, 1853-55);
- der englische Kulturphilosoph und Rassentheoretiker **H. St. CHAMBERLAIN** (nicht verwandt mit der gleichnamigen, doch ganz anders gesinnten Politikerfamilie; Schwiegersohn Richard WAGNERs), der sogar CHRISTUS zum Arier erklärte (Hauptwerk: Die Grundlagen des 19.Jhs., 1899 – hier findet sich schon die Überschätzung der "Arier" und der Abwertung der Juden - HITLER kannte ihn persönlich);
- in Österreich ist zu nennen **(Dr.) LANZ (von LIEBENFELS**, weder Doktor- noch Adelstitel echt), dessen Ostara-Hefte nachweislich HITLER stark beeinflussten (DAIM W.(1988), Der Mann, der Hitler die Ideen gab, Wien-Köln-Graz 1985); bei ihm sind allerdings die Menschen mit blondem Haar und blauen Augen die zu züchtenden Übermenschen, die mit dunklem Haar und dunklen Augen die "Äfflinge", weil aus einer Kreuzung von Mensch und Affe stammend - sie sind, soweit sie nicht als Arbeitssklaven gebraucht werden, zu vernichten.
- Besonders aber **A. ROSENBERG** (Der Mythus des 20.Jahrhunderts, München 1931, 3.Aufl.) und **A. HITLER** selbst (Mein Kampf, 2 Bde., München 1925-27) wurden die "Chefrassen-theoretiker" der NS-Ideologie. Sie griffen wieder auf CHAMBERLAINs Aufwertung der Arier / Abwertung der Juden zurück.

Gerade die Tatsache, dass verschiedene Rassentheoretiker verschiedene Rassen bzw. Rassenmerkmale als höher- oder minderwertig ansehen, zeigt die **Willkürlichkeit** derartiger Festlegungen.

4.3.2. Der Nationalsozialismus

Von ROSENBERG / HITLER wurde festgelegt:

Die **germanische (oder "arische") Rasse** sei die höchstwertige und daher weltweit zu vermehren; die **jüdische (oder semitische) Rasse** sei die minderwertigste und daher auszurottende - dabei bekanntlich sind die Gleichsetzungen von germanisch / arisch und semitisch / jüdisch falsch.

Aus „political corectness" vermeidet den Begriff Indo-Germanen und bevorzugt Indo-Arier; da die Oberschicht Indiens Arier sind (Arya=die Edlen), würde man also stottern. Die Indo-Germanen sind die große Sprachfamilie, die sich von den Germanen Englands (bzw. USA und Kanada) bis zu den Ariern Indiens erstreckt; diese haben dort die älteste Stadtkut.ru der Welt, die Harappa-Kultur, unterworfen – bis heute heute konnte die Volkszugehörigkeit und Sprache der Harappa-Kultur nicht geklärt werden. Ebenso ist die Gleichsetzung semitisch-jüdisch falsch. Die Juden sind eine kleine Teilgruppe unter den Semiten, deren größten Teil die Araber ausmachen: diese sind zwar antijüdisch, aber logischer Weise nicht antisemitisch, sonst müssten sie gegen sich selbst sein.

Die Forderung nach Förderung der "Arier" (Züchtung, Lebensraum) und nach Ausrottung "minderwertiger" Rassen und Individuen bedurfte aber einer **Zusatz-Theorie**, da sonst unerklärlich bliebe, wieso sie im Daseinskampf nicht schon von selbst untergegangen seien. Auch diese Zusatztheorie stammt aus der Biologie: **Parasiten** leben auf Kosten ihrer Wirte und richten sie dadurch zugrunde. Da die Juden solch eine "parasitäre Rasse" seien, ist ihre Vernichtung im Sinne der Selbsterhaltung der wertvollen Arier zu rechtfertigen - die **"Endlösung"** wird als sittliche Aufgabe dargestellt!

Da die in einer Ideologie vorgenommene falsche Verallgemeinerung nicht als objektiv richtig ausgewiesen werden kann, bedarf es anderer Gründe, die ihre Annahme fördern. Gerade für die Durchsetzung des Nationalsozialismus gab es zahlreiche Gründe, die sich **in zwei Gruppen** einteilen lassen:

1) Gründe, die die Machthaber des Nationalsozialismus **ohne ihr Zutun** vorfanden:

> Hier sind an erster Stelle die **Zeitverhältnisse der Zwischenkriegszeit** zu nennen, in der das Gros der Bevölkerung von wirtschaftlicher, sozialer, politischer Not bedrängt war - und dadurch offen für jedes Versprechen einer Änderung zum Besseren. Notzeiten sind immer ein guter Nährboden für Ideologisierung und Radikalisierung – auch heute noch!

> Ferner gehören hierher eine Reihe von **Vorurteilen**, sowohl die Ablehnung der Juden betreffend (der leider kirchlich seit dem Mittelalter entwickelte religiöse Antisemitismus und der - als

unvorhergesehene Folge der Aufklärung entstandene - kulturelle Antisemitismus des 19.Jhs.), als auch die Selbstüberschätzung der Germanen betreffend (Popularisierung von NIETZSCHEs "Herrenmenschen"-Theorie, Prägung durch den Preußischen Musterstaat, Bedürfnis nach Aufrichtung des durch den Ersten Weltkrieg geknickten Selbstbewusstseins, Säkularisierung des Gedankens des "auserwählten Volkes").

2) **Propagandamaßnahmen**, die die Machthaber des Nationalsozialismus ausdrücklich zur praktischen Durchsetzung ihrer Doktrin verwendeten:

> Schon im vorigen Jahrhundert hatte der Psychologe **LE BON** anhand von Untersuchungen von Beobachtungsmaterial der Französischen Revolution erkannt, dass der Mensch als Glied einer **Masse** seine individuellen Eigenschaften, besonders seine intellektuellen und sittlichen Hemmungen, weitgehend verliere und auf gewisse animalische Verhaltensmuster zurückfalle (LE BON G. (1938), Psychologie der Massen, Stuttgart).

> Diese Einsicht wurde mit der des Soziologen **SOREL** (Über die Gewalt (deutsch v. L.OPPENHEIMER), Frankfurt a.M..1969) verknüpft, dass man Massen nur mit irrationalen Ideen ("Mythen") mitreißen könne, die, weil nicht rational begründbar, mit **Gewalt** durchgesetzt werden müssten - wodurch man dreierlei erreiche: Erstens, dass die Machthaber ihre Macht demonstrieren könnten, zweitens, dass die bedeutungslose Masse der Bevölkerung sich mit dieser Machtdemonstration identifizieren könnte, und drittens, dass man sich der für die Machtdemonstration nötigen Minderheit („Sündenbock") so mit breitester Zustimmung entledigen könne.

> Und schließlich wurde die **Elite**-Theorie des Soziologen **PARETO** gezielt eingesetzt: Die wahren Bedürfnisse des Volkes seien diesem selbst weit weniger klar als der Elite dieses Volkes; daher seien alle demokratischen Staats- und Gesellschaftsstrukturen aufzugeben und eine Oligarchie der Volks-Elite zu etablieren - hier konkretisiert im unbedingten Glauben an den Führer und seine engere Gefolgschaft.

4.3.3. ZUSAMMENFASSUNG UND KRITIK:

Der Nationalsozialismus verwendet also die Einzelwissenschaft Biologie zur Deutung der Gesamtwirklichkeit, verwendet. Dies zeigt sich

> ➢ sowohl in der Theorie: Alle tragenden Begriffe (wie "Rasse", "Zuchtwahl", "Kampf ums Dasein" u.ä.) sind der Biologie entlehnt, können also den Menschen nur so weit erklären, als er - auch! - Tier ist. (Bewusst) unpräzis verwendete Begriffe dürfen darüber nicht hinweg-täuschen: "gut/schlecht" im biologischen Sinn ("sich im Daseinskampf bewährend/nicht bewährend") meint eben nicht dasselbe wie "gut/schlecht" im moralischen Sinn ("dem Gewissen entsprechend/nicht entsprechend");

> ➢ als auch in der Praxis: denn erstens wurden aus der biologistisch verkürzten Weltsicht unter massiver Umgehung des Gewissens Handlungsnormen abzuleiten versucht, was nur zu Zweck-Mittel-Regeln führen kann, und zweitens die theoretisch unzureichende Doktrin bewusst durch Propagandamaßnahmen abgestützt.

Zweifellos war der NS eine schreckliche Ideologie, die innenpolitisch und außenpolitisch durch den Zweiten Weltkrieg Millionen Menschen das Leben kostete. Aber Gottlob spielt diese Ideologie heute eine weit geringere Rolle als in der Darstellung der Medien. Dennoch ist das Verbotsgesetz von 1947 ein richtiger Schritt zum Verbot einer dem Rechtsstaat widersprechenden Ideologie. Nur wäre ein analoges Vorgehen gegen extreme Linke und gegen radikale Moslems noch viel nötiger, denn diese Gruppen spielen heute keine geringe Rolle.

Der radikale Islam

4.3.4. Geschichte der Ausbreitung des Islam

MOHAMMED (6./7.Jh.n.) heirate die reiche Kaufmannswitwe HADIGA und lernte auf Handelsreisen Judentum und christliche Sekten kennen. Mit 40 hatte er Visionen am Berg Hira – hier soll der Koran von GABRIEL diktiert oder direkt überreicht worden sein, historisch: erst später niedergeschrieben.

Übersiedlung nach Medina – **HIJRA** (622 n.): Beginn der Zeitrechnung – dann kriegerische Eroberung von Mekka und Arabiens, die Einigung erfolgt auf religiöser Basis. + 632 in Medina.

Streit um die Nachfolge, aus dem sein Freund und Schwiegervater ABU BAKR als Kalif hervorgeht. Einer der folgenden Kalifen, MUAWIYA, gründet die Dynastie der Omayyaden / Damaskus ➜ **Sunniten.** Im Kampf gegen diese fällt ALI, der Schwiegersohn MOHAMMEDs, einem Mordanschlag zum Opfer ➜ **Schiiten.**

Vormarsch der Omayyaden über N-Afrika bis Frankreich, wo sie KARL MARTELL stoppt. Ferner Ausbreitung bis nach Indien, China und in Afrika. Ablösung der Omayyaden durch die Abbasiden / Bagdad. Wissenschaftliche Blüte im MA: Mathematik (arabische – eigentlich indische - Ziffern), Medizin, arabische Scholastik

Osmanen übernehmen im 15.Jh. die Führung und dringen zwei Mal bis Wien vor. Ab dem 19. Jh. kommen viele islamische Staaten unter Kolonialherrschaft, was bis heute negativ nachwirkt. Re-Islamisierung vieler Staaten seit den 70er Jahren, **zunehmender Fundamentalismus**

4.3.5. *Die Lehre des Islam*

Grundlage: **ALLAH** ist der Einzige (strenger Monotheismus), der Erhabene (Transzendenz), der Allerbarmer – 99 Eigenschaften, Er ist Schöpfer und allmächtig; anderes als im Judentum und Christentum nimmt ALLAH seine Allmacht nicht zurück, um menschliche Freiheit zu ermöglichen, sondern es ist alles durch ALLAH vorherstimmt.

Islam meint Hingabe an ALLAH, gehört also nicht zu salam=Friede ; ALLAH sandte mehrere Propheten – ABRAHAM, MOSE, JESUS, MOHAMMED: dieser ist Wiederhersteller der wahren abrahamitischen Religion, also konservative Reform

Mensch gut, doch vom Teufel (IBLIS) verführbar, nicht Abbild, sondern abd (Knecht) des transzendenten GOTTES, Seele bleibt bis zum Jüngsten Gericht im Grab. Paradies voll irdischer Genüsse für die Gerechten.

SHAHADA (Glaubens-bekennt-nis)	SALAT (Gebet, 5x / Tag)	SA´UM (Fasten im Fasten-monat Ramadan)	ZAKAT (Almosen, minde-stens 2½ Prozent)	HADJ (Pilger-schaft zumindest nach Mekka)

Weitere Pflichten: lesen / beten des Koran („Lesung") in arabischer Sprache – DJIHAD – Vermeidung von Blut, Schweinefleisch und Alkohol.

Wer alle Pflichten einhält, verdient das Paradies: Selbsterlösung

HI Schriften des Islam

Koran rein verbalinspiriert, daher in jeder Hinsicht irrtumsfrei, in 114 Suren gegliedert, die nach ihrer Länge geordnet und oft widersprüchlich sind.

Sunna (auf den Propheten fußende Tradition), in Hadithe gegliedert

Beide gemeinsam sind Basis der Schari´a, der Rechtsprechung – für die Verheutigung sind Muftis zuständig. Da es kein einheitliches Lehramt gibt, gibt es nicht „den" Islam, sondern sehr unterschiedliche Richtungen, die einander z.T. bekriegen (ggw. werden mehr Moslems als Christen von Moslems getötet)

Strömungen des Islam

Sunniten (90% der Moslems, also ca 900 Mio):	**Schiiten** (100 Mio):
Wahlkalifat, Koran & Sunna (=Leben und Worte des Propheten), 4 Rechtsschulen (FIQH, Madhahib) Hanafiten, Malikiten, Schafi'iten, Hanbaliten➜ Wahhabiten. Daneben gibt es Theologenschulen: Mutaziliten (die Erfinder der historisch-kritische Exegese!), Aschariten, Sufis (= islam. Mystiker) u.a. - spielen eine geringe Rolle	Erbkalifat, Verehrung von ALI, verh. mit FATIMA, HASAN und HUSEIN. Untergruppen: ALEWITEN mit mystischen Zügen, Drusen, Ismailiten

Djihad: w.: „Anstrengung" – wird sehr unterschiedlich verstanden: von der sittlich-religiöser Selbstüberwindung bis zum tatsächlichen Krieg.

Dialog zwischen Islam und Christentum

Die unterschiedliche Auffassung von Offenbarung: Islam: **Verbalinspiration** (der Koran muss wortwörtlich geglaubt werden)⇔ Christentum (seit Vat. II): **Realinspiration** (jedes Glied der Kirche ist inspiriert, manche schreiben am Anfang des Christentums ihre GOTTESerfahrungen nieder – natürlich geprägt vom damaligen Weltbild)

Regelung des gesamten Lebens durch die Schari'a ➔ keine Trennung von Recht / Sittlichkeit / Religion zu. ➔Rechtliche Probleme bei Moslems, die sich streng an die Scharia halten wollen. Nach christlicher Auffassung soll möglichst weltweit **eine** Rechtsordnung gelten, die ein friedliches Zusammenleben der Menschen ermöglicht und offen ist für eine religiöse Überhöhung **(Menschenrechte)**. Diese Überhöhung darf aber dem friedlichen Zusammenleben nicht widersprechen – m.a.W.: Unsere Toleranz darf nur so weit gehen, als ein friedliches Zusammenleben der Menschen verschiedener Weltanschauungen nicht gestört ist. Das ist aber mit der Schari'a unverträglich, die weltweit die islamische Rechtsordnung durchsetzen will – hier sind Konflikte unvermeidlich.

4.3.6. Warum wurde ein neues Islamgesetz nötig?

Berührung zwischen Christen und Moslems gibt es, seit es den Islam gibt – meist nicht friedlich. Viele westliche Christen halten es für intellektuell, die „Schuld" den Christen anzulasten – etwa an den Kreuzzügen; diese waren aber urspr. Verteidigungskriege der ur-christlichen Gebiete in Vorderasien und N-Afrika

Weitere Entwicklung in Ö-U:

Abwehr der beiden Türkenbelagerungen (1529, 1683)

1878 wurde Bosnien-Herzegowina zum Protektorat Ö-Us, 1909 / 1910 in die österreichisch-ungarische Monarchie aufgenommen➔ Blütezeit.

Anerkennung des Islam (hanefitischer Ritus) durch das **Islamgesetz vom 15. Juli 1912** (weltweit das erste Gesetz dieser Art !!!). Das beinhaltete: _Die „Lehren des Islam, seine Einrichtungen und Gebräuche genießen ...Schutz, insoweit sie nicht mit den Staatsgesetzen in Widerspruch stehen" (§6 – fehlt in dieser Klarheit im neuen Islamgesetz!)._ Das Gesetz war als Übergangslösung konzipiert – es wurde zu einem langdauernden Provisorium

Zunächst änderten sich die **Größenverhältnisse** in Österreich radikal. Aus einer kleinen Gruppe von Moslems in der großen Monarchie (ca 50 000) wurden mittlerweile ca 700 000 Moslems in dem klein gewordenen Österreich.

Die Immigration erfolgte in: die ersten Immigranten (etwa 1969 bis 1990) waren arbeits- und integrationswillig, die zweite Welle brachte Immigranten, die kaum mehr integrationswillig sind – vgl Jan FLEISCHHAUER „Unter Linken" (Hamburg 2010)

Die **IGGiÖ** - politische Allein-Vertretung des Islam?

Der von der Moslembruderschaft dominierte MSD (moslemischer Sozialdienst) beanspruchte aufgrund der Verfassungsgerichtshoferkenntnis von 1988 einen **Alleinvertretungsanspruch** für alle Muslime in Österreich – aus dem bisher nur die ALEVITEN ausbrechen konnten. Der Verein konstituierte sich als IGGiÖ und fungiert seither als politische Vertretung des Islam gegenüber Vertretern des Staates und den anderen Religionsgesellschaften – **obwohl die IGGiÖ bis zum**

heutigen Tag keine einzige Kultusgemeinde im Sinne des Islamgesetzes unterhält, sie betreibt keine einzige Moschee und keinen Gebetsraum. Mit Erkenntnis vom 1.12.2009 hob der VGH den „Alleinvertretungsanspruch" der IGGiÖ auf

Sonderbarkeiten, die durch das neue Islamgesetz behoben werden sollten:

* Die Moslems werden (bis auf die ALEVI) ungeachtet ihrer Vielfalt von der sunnitischen IGGiÖ vertreten. Bis zum Jahr 2011 war der IGGiÖ-Präsident üblicherweise ein Araber, zuletzt der Syrer ANAS SCHAKFEH, dann Türken: Fuat SANAC und jetzt Ümit VURAL. Mit einer Statutenänderung und Wahlen (80 % Wahlbeteiligung, aber nur 10 % der Moslems wahlberechtigt) erhielten die Türken unter auf Bundesebene die Führung, damit der Milli Görüş, dafür erhielt die ATİB die Leitung auf Landesebene; die ATİB untersteht direkt dem Religionsamt Diyanet in Ankara.
* Die Funktionen eines regulären Religionsbetriebes werden nicht von der IGGiÖ wahrgenommen, sondern von einer wachsenden Zahl von Moschee- und Kulturvereinen – bisher über 450 – von denen einige lose, andere gar nicht mit der IGGiÖ verbunden

sein. **Keiner gegenüber hat die IGGiÖ Sanktionsmöglichkeiten!**

Was wurde durch die Gesetzesnovellierung erreicht?

- In einer pluralistischen Gesellschaft müssen alle Religionen und Weltanschauungen toleriert werden, die der AMRK / EMRK und der jeweiligen Landesverfassung nicht widersprechen. Daher darf keine Religion oder Konfession bevorzugt oder benachteiligt werden.
- Die Feststellung des Vorranges staatlicher Gesetze gegenüber religiösen „Gesetzen" und Normen wurde bereits im Anerkennungsgesetz 1874 und im Islamgesetz von 1912 festgeschrieben (§6).

Der neue Gesetzesentwurf bekommt das **Zweisektorenmodell** nicht in den Griff:

- die IGGiÖ als offizielle Vertretung des Islam ohne realen Religionsbetrieb, aber unter Inanspruchnahme aller Privilegien einer anerkannten Religionsgesellschaft,

- sowie ein unüberblickbarer Sektor wildwüchsiger Vereine (über 450), die mit der IGGiÖ nur lose oder gar nicht verbunden sind und denen gegenüber die IGGiÖ keine Sanktionsmöglichkeiten hat – sie sind daher durch das Islamgesetz nicht verpflichtet

➔ Privilegien des Islam gegenüber anderen Religionsgemeinschaften:

1) Alle Religionen und christlichen Konfessionen müssen ihre Glaubensgrundlage und Unterrichtsbehelfe in unserer **Landessprache** vorlegen. Der Widerstand gegen die Darlegung der islamischen Glaubenslehre, besonders gegen eine von den islamischen Richtungen selbst anerkannten Übersetzung des Koran, ist daher inakzeptabel. Auch wenn es keine authentische Übersetzung gibt (auch für die Bibel nicht), muss eine Einigung der betroffenen Gruppe möglich sein - die christliche Bibel ist sogar um Einiges älter als der Koran und das AT ebenfalls in semitischen Sprachen verfasst, dennoch kann jede christliche Konfession eine von ihr anerkannte Übersetzung vorweisen. – War im Entwurf vorgesehen (§ 6 /2). Warum begnügte man sich mit einem bloßen Digest? Damit ist der Islam die einzige Glaubensrichtung, deren Inhalte der Behörde unbekannt sind! – Privileg des Islam

2) Die Erfüllung der bereits 1874 (!) formulierten Forderung für die Anerkennung von Religions-gesellschaften moniert, **„dass der laufende Betrieb autark möglich sein muss"**_(§ 5), d.h. eine Religionsgesellschaft muss ihre Gebäude, ihre Seelsorger und die Erteilung ihres Religionsunterrichts selbst finanzieren können, Spenden aus dem Ausland sind aber erlaubt. (im Entwurf § 6(2)). Doch die Realität sieht so aus, dass ausschließlich für den Islam Auslands-finanzierungen der Regelfall sind, vielfach von Seiten solcher Staaten, die den AMRE nicht entsprechen. Die Auslandsfinanzierung der evangelischen und orthodoxen Kirchen hingegen ist der Ausnahmefall. – Wieder steht das Zweisektorenmodell einer Kontroll- und Sanktionsmöglichkeit entgegen, wieder ein Privileg des Islam.

3) Die Beseitigung der Möglichkeit der **Mitgliedschaft von Kultur- und Moscheevereinen,** die sich dem Einfluss und der Kontrolle der anerkannten islamischen Religionsgesellschaften entziehen. War intendiert in § 3 (4)

Es müsste daher der Religionsvollzug der Muslime auf staatlich anerkannte Religionsgesellschaften beschränkt werden (// zu den christlichen Konfessionen – daher nicht bloß IGGiÖ und ALEVI) und alle Vereine, die sich keiner solchen anerkannten Religionsgesellschaft unterordnen, müssten aufgelöst werden.

4.3.7. Gegenwartsprobleme mit dem Islam in Österreich

1) Das Hauptproblem ist sicher massenhafte Einwanderung: selbst Immigranten aus derselben Kultur könnten in diesen Mengen nicht integriert werden.

2) Der erste Generation der Immigranten suchten hier Arbeit, um gut zu verdienen – von der jetzigen dritten Generation wollen das nur wenige, die meisten wollen vom AMS leben; viele sind dann aber frustriert und wenden sich radikalen Ideen zu. Ihr Ziel ist, Europa in ein Kalifat umzuwandeln.

3) Vereinfacht lassen sich 3 Gruppen unterscheiden, deren Größe und Zugehörigkeit schwer abschätzbar ist – vergessen wir nicht, dass Moslems gegenüber „Ungläubigen" zur Taqiyya berechtigt sind, d.h. zum Lügen zum Vorteil des Islam. a) Integrationswillige, die hier einfach arbeiten und besser als in ihrer Heimat verdienen wollen; b)

Radikale, die die Umwandlung in ein Kalifat anstreben; c) eine Grauzone dazwischen, die aber, wie Ereignisse in Syrien und im Irak zeigen, jederzeit radikalisiert werden können.

Abhilfen wären:

> Verbot des radikalen Islam – ähnlich wie das NS-Verbotsgesetz
> Abschiebung jeder Person, die sich nicht an unsere Verfassung und die AMRE halten will: hier genügt nicht bloß eine Unterschrift (Taqiyya!), sondern die wiederholte Überprüfung des Verhaltens.

4.4 Exkurs: Harald Fiegl: Sind Christentum und freiheitlicher Verfassungsstaat noch zu retten?

Europa ist der Kontinent, der durch Christentum und Aufklärung geprägt ist, die Konflikte religiöser und staatlicher Machtstrukturen vergangener Jahrhunderte scheinen überwunden zu sein.

Die stets zitierten „europäischen Werte" wurzeln im Christentum und in der Aufklärung. Trotz der nach dem zweiten Weltkrieg einsetzenden schrittweisen Abkehr von kirchlichen Traditionen bestimmt dieses Kondensat aus den beiden genannten Quellen die Gesellschaftspolitik 1).

Allerdings ist nicht zu übersehen, dass beide Quellen zu versiegen drohen.

Das Christentum dünnt durch das steigende Unwissen über die christliche Botschaft aus und die „europäischen Werte" verlieren von ihrer Dominanz gegenüber der im Islam vertretenen Ideologie.

Dadurch verliert der Bürger mit eigener Urteilskraft – Mündigkeit im Kantianischen Sinn - seine wichtigsten Kraftquellen für die Konfrontation mit dem Islam.

In der Veranstaltung „Taugt das Christentum noch als geistiges Fundament Europas oder bleibt nur der Euro und der Binnenmarkt?" am 26 04 2018 im Kardinal König Haus in Wien mit Kardinal Christoph Schönborn, mit dem Philosophen Konrad Paul Liessmann und mit dem Autor des Buchs „Der Skandal der Skandale – Die geheime Geschichte des Christentums" Manfred Lütz bemerkte Prof. Liessmann, dass seine Hörer das Bild einer völligen Unkenntnis der Bibel vermitteln.

Durch diese Unkenntnis geraten Christen bei Diskussionen mit anderen „Abrahamitischen Religionen" und mit der säkularen Welt in einen Argumentationsnotstand.

In Wien meldet sich etwa ein Viertel der katholischen Schüler vom Religionsunterricht ab bzw. werden von ihren Eltern abgemeldet, sobald vom Zeitgeist abweichende Inhalte gelehrt werden.

Dadurch geht nicht nur eine bedeutende Lebenshilfe verloren, sondern wird auch der Beruf des Religionslehrers unattraktiv. Ein verhängnisvoller Kreislauf. Europa wird mehr und mehr zu einer spirituellen Wüste!
Dazu kommt, dass sich seit etwa sechs Jahrzehnten die Bevölkerung in vielen westlichen Ländern einschließlich Österreich durch Zuwanderung stark verändert hat.

Durch die Gastarbeiter und die Familienzusammenführung aus der Türkei und aus Bosnien spielt der Islam in Österreich eine zunehmende Rolle.

Einen merklichen Schub Richtung Islamisierung brachte die Flüchtlingskrise im Sommer 2015 und der seither in wechselnder Intensität andauernde Zustrom von Flüchtlingen aus muslimischen Ländern.

Scheinbar sind die Behörden nicht mehr in der Lage oder bereit, die Bevölkerung im Sinne ihres gesetzlichen Auftrags zu schützen.

Der angeblich überraschende Ansturm von hunderttausenden „Flüchtlingen" ist als Wanderdschihad (Hidschra) zu verstehen, der in Sure 4, Vers 100 beschrieben wird:

> „Und wer auswandert in Allahs Weg, wird auf der Erde manche Zuflucht und Hilfsmittel finden. Und wer sein Haus verlässt und zu Allah und Seinem Gesandten auswandert, und der Tod ereilt ihn dann, dessen Lohn fällt Allah zu; und Allah ist verzeihend und barmherzig".

http://kath.net/news/52201 vom 26.9.2015 zitiert dazu den Imam der Al Aqsa-Moschee in Jerusalem, Scheich Muhammad Ayed, Europa sei alt und schwach geworden und braucht menschlichen Nachschub für seine

Fabriken. „Wir werden sie niedertrampeln, so Allah will".

Dazu passt die Kampfansage des seinerzeitigen türkischen Ministerpräsidenten Ahmet Davutoglu „der Islam ist heimisch in Europa, seit vor einem halben Jahrhundert der heilige Marsch der Türken begann".

> Die Visegrad-Staaten sind in der Lage, die Folgen der muslimischen Massenzuwanderung aus sicherer Distanz einer kritischen Analyse zu unterziehen und weigern sich daher, muslimische Flüchtlinge aufzunehmen.

Inzwischen haben Säkularisierung und Islamisierung Ausmaße erreicht, die die Frage zulassen, ob der christliche Charakter Europas erhalten bleibt.

Diese Frage stellt sich auch deshalb, weil es auch keinen „Ethikunterricht für alle" gibt, der aus den Quellen Christentum und Aufklärung zu Mündigkeit und Eigenverantwortung erzieht und letztlich zur „Goldenen Regel des Zusammenlebens" führt.

> Muslime sozialisieren sich daher weiterhin nach ihren traditionellen Demokratie-fernen Vorstellungen zu „Herrenmenschen".

Dieser Anspruch wird durch den Koran unterstützt, der behauptet, alle Menschen seien ursprünglich Moslems:

„So richte dein Antlitz in aufrichtiger Weise auf den Glauben; (dies entspricht) der natürlichen Veranlagung, mit der Allah die Menschen geschaffen hat. Es gibt keine Veränderung an Allahs Schöpfung. Das ist der beständige Glaube. Allein die meisten Menschen wissen es nicht." (Sure 30,30)

Ein Ethikunterricht für jene Schüler der Oberstufe, die nicht am Religionsunterricht teilnehmen, kommt für die Vermittlung der „Goldenen Regel des Zusammenlebens" zu spät.

Die Annahme, dass die „Goldenen Regel des Zusammenlebens" auch im Islam vermittelt wird, trifft nicht zu, vielmehr ist davon auszugehen, dass sich der Islam gemäß seinen Glaubensgrundlagen (Koran, Sira, Hadithen) als ein von Allah geoffenbartes und *alle* Lebensbereiche umfassendes und unveränderbares Lebensmodell, das für *alle* Menschen gilt und von *allen* Menschen wortgetreu angenommen werden muss, versteht.

Der Islam ist auch die einzige der sog. Abrahamitischen Religionen, neben der sich keine säkulare Gesellschaft entwickeln konnte, es sei denn durch militärischen Druck.

Der Großteil der heimischen Bevölkerung ahnt nicht, dass diese Glaubensgrundlagen zu einem wesentlichen Teil *alle* Nicht-Muslime, also jeden betreffen.

In der westlichen Öffentlichkeit ignoriert man auch die Tatsache, dass Mohammed die Islamisierung der ganzen Welt zum Ziel erklärte und der Islam in dieses Vakuum der Unwissenheit voll hineinstößt.

Westliche Rechtsvorstellungen (Demokratie) sollen daher durch die Scharia mit Hilfe des Dschihad ersetzt werden. Koranvers 3:114 ist als diesbezügliches Gebot zu verstehen, das von „rechtschaffenen Muslimen fordert, das *Rechte zu gebieten* und das *Unrechte zu verbieten*" ("Islamische Unduldsamkeit").

Das ist ein Auftrag an *alle* Muslime, sich in das Leben *aller* Menschen einzumischen und die „Goldene Regel des Zusammenlebens" abzulehnen (s. Susanne Wiesinger und Jan Thies „Der Kulturkampf im Klassenzimmer").

Diese Anmaßung basiert auf der in den islamischen Glaubensgrundlagen verankerten *faschistischen* Einteilung der Menschheit in vollwertige *Gläubige* und minderwertige *Ungläubige.*

Das ist der Rechtsextremismus unserer Tage und somit eine bedrohliche Ideologie! ("Der islamische Faschismus", Hamed Abdel-Samad, ISBN: 978-3-426-27627-3).

Obwohl die islamischen Glaubensgrundlagen von der Behörde bis zum heutigen Tage nicht offengelegt wurden, genießt der Islam uneingeschränkte Glaubensfreiheit!

Scheinbar will man nicht wissen, was der Islam ist und alles tut, um es nicht wissen zu müssen.

Politik und Behörden ziehen es also vor, dem islamischen Expansionsdruck aus dem Weg zu gehen und die heimische Bevölkerung unter Androhung unangenehmer Folgen zu zwingen, Kritik am Islam zu unterlassen.

Es ist folglich nicht erstaunlich, dass sich eine große Mehrheit der Bevölkerung voll angepasst verhält und Meinungsfreiheit als „Frei von jeglicher Meinung" versteht.

Goethes Wort **„Was Du ererbt von Deinen Vätern, erwirb es, um es zu besitzen"** gilt nicht mehr: Wieder einmal ist das Mitläufertum geboren!

Carlo Strenger, schweizerisch-israelischer Professor für Psychologie und Philosophie sagt, „anstatt jede Glaubens- und Lebensform zu respektieren und diskursiv mit Samthandschuhen anzufassen, müssen wir uns daran erinnern, dass nichts und niemand gegen wohlbegründete Kritik gefeit sein darf: „Wenn andere Kulturen nicht kritisiert werden dürfen, kann man die eigene nicht verteidigen." Carlo Strenger spricht von „Zivilisierter Verachtung".

Politik und Behörden haben sich ganz im Sinne des Wortes Islam, dem „Unvermeidlichen unterworfen" und Österreich zu einem islamischen Staat gemacht:

„Wenn du wissen willst, wer Dich beherrscht, muss Du nur herausfinden, wen du nicht kritisieren darfst", Voltaire.

Ohne die islamischen Glaubensgrundlagen zu kennen, werden islamische Ideologie (al muamalat) und Ritenpraxis (al ibadet) gleichermaßen unter den Schutz der Religionsfreiheit gestellt.

Wie Lessing vor 250 Jahren so hat auch der Gesetzgeber unserer Tage durch flüchtige Lektüre die Sure 2, Vers 256 wunschgemäß „zurechtgelesen".

So erfreut man sich an dem Satz „Es sei kein Zwang im Glauben" der am Anfang der Sure steht und lässt alle weiteren Verse außer Acht.

So ist auch die viel gepriesene Ringparabel nichts anderes als eine Unterwerfung unter den Islam.

Nach obigen Zeilen ist die Frage, ob das Christentum und der freiheitliche Verfassungsstaat noch zu retten sind, wohl klar zu verneinen.

- Hamed Abdel-Samad bringt in seiner Analyse „Der Koran – Botschaft der Liebe, Botschaft des Hasses", ISBN 978-3-426-27701-0 die Situation auf den Punkt: Liebe den Gläubigen, Hass den Ungläubigen.

Aus Sure 60: Wir verleugnen euch, und zwischen uns und euch ist Feindschaft und Hass für immerdar entstanden, bis ihr an Allah allein glaubt.

Ferner: „Der Koran", übersetzt von Max Henning, Reclam, ISBN 978-3-I5-004206-9,

Z.B.: aus Sure 1, die von Muslimen täglich 5 x gebetet wird: „…..Leite uns den rechten Pfad, den Pfad derer, denen Du gnädig bist, nicht derer, denen Du zürnst (Juden), und nicht der Irrenden (Christen)" oder

Sure 2,191

Und erschlaget sie, wo immer ihr auf sie stoßt, und vertreibt sie, von wannen sie euch vertrieben; denn Verführung ist schlimmer als Totschlag

Sure 2,193

Und bekämpfet sie, bis die Verführung aufgehört hat , und der Glauben an Allah da ist. Und so sie ablassen, so sei keine Feindschaft, außer wider die Ungerechten.

Sure 3,151

Wahrlich, Wir werden in die Herzen der Ungläubigen Schrecken werfen, darum dass sie neben Allah Götter setzten, wozu Er kein Ermächtnis niedersandte; und ihre Wohnstätte wird sein das Feuer, und schlimm ist die Herberge der Ungerechten.

Sure 5,38

Und der Dieb und die Diebin, schneidet ihnen ihre Hände ab als Lohn für ihre Taten. (Dies ist) ein Exempel von Allah, und Allah ist mächtig und weise.

Sure 5, 51

0 ihr Gläubigen. Nehmt Juden und Christen nicht als Vertraute, denn sie sind miteinander verbündet und sind euch gegenüber feindlich eingestellt. Wer sie zu Vertrauten nimmt, stellt sich in ihre Reihe. Gott leitet die Ungerechten, die seine Gebote und Verbote nicht einhalten, nicht zum rechten Weg.

Sure 5, 72

Wahrlich, ungläubig sind, welche sprechen: „Siehe, Allah, das ist der Messias, der Sohn der Maria". Und es sprach doch der Messias: "O Ihr Kinder Israels, dienet Allah, meinem und eurem Herrn! Siehe, wer Allah Götter an die Seite stellt, dem hat Allah das Paradies verwehrt, und seine Behausung ist das Feuer; Er führt ihn in die Hölle, die ihm als Heimstätte dient. Und die Ungerechten finden keine Helfer.

Sure 8,12

Als dein Herr den Engeln offenbarte: Ich bin mit euch, festigt drum die Gläubigen. Wahrlich in die Herzen der Ungläubigen werfe Ich Schrecken. So haut ein auf ihre Hälse und haut ihnen jeden Finger ab“

Sure 8,39

Und kämpfet wider sie, bis kein Bürgerkrieg mehr ist und bis alles an Allah glaubt. Stehen sie ab, siehe, so sieht Allah ihr Tun.

Sure 8, 55

Siehe, schlimmer als das Vieh sind bei Allah die Ungläubigen, die nicht glauben.

Sure 8,60

So rüstet wider sie, was ihr vermögt an Kräften und Rosshaufen, damit Schrecken zu setzen Allahs Feind und euern Feind und andre außer ihnen, die ihr nicht kennt, Allah aber kennt. Und was ihr auch spendet in Allahs Weg, Er wird es euch wiedergeben, und es soll euch kein Unrecht geschehen.

Sure 9,29

Kämpfet wider jene von denen, welchen die Schrift gegeben ward, die nicht glauben an Allah und an den Jüngsten Tag und nicht verwehren, was Allah und sein Gesandter verwehrt haben, und nicht bekennen das Bekenntnis der Wahrheit, bis sie den Tribut aus der Hand gedemütigt entrichten.

Sure 9,33

Er ist´s, der entsandt hat Seinen Gesandten mit der Leitung und mit der Religion der Wahrheit, um sie sichtbar zu machen über jede andere Religion, auch wenn das den Ungläubigen zuwider ist

Sure 9,5

Sind aber die heiligen Monate verflossen, so erschlaget die Götzendiener, wo ihr sie findet, und packet sie und belagert sie und lauert ihnen in jedem Hinterhalt auf So sie jedoch bereuen und das Gebet verrichten und die Armensteuer zahlen, so lasst sie ihres Weges ziehen. Siehe, Allah ist verzeihend und barmherzig

Sure 47, 4

Und wenn ihr die Ungläubigen trefft, dann herunter mit dem Haupt, bis ihr ein Gemetzel unter ihnen angerichtet habt; dann schnürt die Bande.

Sure 48,28

Er ist´s, der Seinen Gesandten mit der Leitung und mit der Religion der Wahrheit entsandt hat, um sie über jeden anderen Glauben siegreich zu machen. Und Allah genügt als Zeuge.

Das Verhalten des Vatikan und des freiheitlichen Verfassungsstaats zeigen keinerlei Schritte gegen die Islamisierung und gegen die Aufgabe ihrer eigenen Werte!

Das Verhalten der evangelische Kirche wird keiner näheren Betrachtung unterzogen, sondern nur daran erinnert, dass der damalige Ratsvorsitzende der Evangelischen Kirche in Deutschland, Heinrich Bedford-Strohm im Jahre 2016 beim Besuch des Tempelbergs, der Al-Aksa-Moschee und der Klagemauer – ebenso wie auch Reinhard Kardinal Marx - sein Amtskreuz ablegte.

1. Vatikan

Die im zweiten Vatikanischen Konzil formulierte Erklärung **NOSTRA AETATE** über das Verhältnis der Kirche zu den nichtchristlichen Religionen hält fest.

> Mit Hochachtung betrachtet die Kirche auch die Muslime, die den alleinigen Gott anbeten, den lebendigen und in sich seienden, barmherzigen und allmächtigen, den Schöpfer Himmels und der Erde, der zu den Menschen gesprochen hat.

> Die Heilige Synode ermahnt alle, das Vergangene beiseite zu lassen, sich aufrichtig um gegenseitiges Verstehen zu bemühen und gemeinsam einzutreten für Schutz und Förderung der sozialen Gerechtigkeit, der sittlichen Güter und nicht zuletzt des Friedens und der Freiheit für alle Menschen.

> Deshalb verwirft die Kirche jede Diskriminierung eines Menschen oder jeden Gewaltakt gegen ihn um seiner Rasse oder Farbe, seines Standes oder seiner Religion willen, weil dies dem Geist Christi widerspricht.

Ernüchtert muss man nach Jahrzehnten des Dialogs feststellen, dass die dem Islam gereichte Hand an der weltweiten Christenverfolgung nichts geändert hat. Das Christentum ist weltweit bedroht, wie obige Suren schlüssig bestätigen 2).

Der angesprochene Dialog hat sich niemals mit der Ideologie des Islam oder gar mit dem Widerspruch zwischen dem christlichen Tötungsverbot und der muslimischen Legitimierung oder gar Verpflichtung, Andersgläubige zu töten, befasst.

Ohne Bedachtnahme auf islamische Glaubensinhalte führt sich nicht nur der Dialog ad absurdum, sondern ermöglicht es den Muslimen, völlig ungestört die in ihrem Glauben verordnete Diskriminierung, Verfolgung oder gar Tötung Andersgläubiger zu vollziehen.

Auch die am 03 10 2020 in Assisi unterzeichnete Enzyklika „Fratelli tutti"über Geschwisterlichkeit aller Menschen und das am 04 02 2019 zusammen mit dem Großimam der al-Azhar-Universität, Ahmed al-Tayyib, in Abu Dhabi unterzeichnete „Dokument über die Brüderlichkeit aller Menschen" nimmt auf islamische Glaubensinhalte nicht Bedacht und kann der im islamischen Glauben verankerten Diskriminierung, Verfolgung oder gar Tötung Andersgläubiger nicht entgegen wirken.

2. Der säkulare Staat

Wie die Kirche ist auch der säkulare Staat bemüht, den blutigen Konflikt der Vergangenheit aus dem Gedächtnis zu streichen.

Gedenken an die Befreiung von den Türken im Jahre 1683 fallen dieser Geschichtsvergessenheit zum Opfer. Gleichzeitig ermöglichen Geschichtsvergessenheit und Unwissen der islamischen Glaubensgrundlagen folgende Aussagen:

- **„Gläubiger Moslem und stolzer Österreicher zu sein, ist kein Widerspruch" oder „der Islam gehört zu Deutschland,** Angela Merkel"

- Der bereits ob erwähnte deutsch-ägyptische Politologe Hamed Abdel-Samad wirft in einem „Offenen Brief" an Bundeskanzlerin Merkel dazu die Frage auf, ob damit auch

die Aufteilung der Welt in Gläubige und Ungläubige, der Dschihad, die Polygamie, die Todesstrafe für Apostaten, Körperstrafen für Diebe und Ehebrecher und Alkoholtrinker, die Einschränkung von Frauenrechten, die Sklaverei, die Drohung mit Höllenqual in der Kindererziehung zu Deutschland gehören?

Antwort darauf gab es nie.

Durchgesetzt hat sich letztlich die Aussage von Bundeskanzlerin Angela Merkel, „dass der Islam inzwischen unzweifelhaft zu Deutschland gehört".

Dazu ergänzte sie bei der Sicherheitskonferenz 2017 in München „Es müsse klar sein, dass nicht der Islam Ursache des Terrors sei, sondern ein fehlgeleiteter Islam". Welch Unwissen auf höchster Ebene!

Diese Ansicht hat trotz aller sachlichen Einwendungen zu uneingeschränkter Toleranz gegenüber dem Islam geführt und den Rechtsstaat außer Kraft gesetzt.

Bruno Walter meint zur Toleranz:

Ich fand, dass es für alle irdischen Streitigkeiten nur einen Ausweg gibt: die Toleranz. Und dass sie nur einer einzigen Gesinnung gegenüber nicht angewandt werden darf: der Intoleranz.

Schulbücher in islamischen Ländern vermitteln vom „Westen" ein Bild feindlicher Kreuzfahrer, die die muslimische Welt bedrohen. Der Westen ist an allem schuld. Von Toleranz ist dort keine Rede. Siehe Hamed Abdel-Samad „Der Untergang der islamischen Welt" ISBN 978-3-426-27544-3 . Verlag Droemer, 2011.

Alle Warnungen, von wem auch immer sie kommen, sind nicht nur in den Wind gesprochen, sondern werden ins Gegenteil verkehrt.

So z.B. in der deutschen Islamkonferenz.

Hamed Abdel-Samad ist nach 10 Jahren Mitarbeit im November 2020 aus der Islamkonferenz mit Worten der Resignation ausgetreten, da sich die deutsche Innenpolitik nur den Vertretern des politischen Islam anbiedert und keinerlei kritische Worte hören will.

Es geht praktisch nur um die Finanzierung von DITIB und anderen Vereinen auf Kosten des deutschen Steuerzahlers.

So schrieb er an Innenminister Seehofer u.a. „Ich halte die Unterstützung dieser Vereine nicht nur für eine Veruntreuung von Staatsgeldern, sondern auch für eine Gefahr für die Innere Sicherheit".

Ungehört verhallten auch die klaren Aussagen der bekannten deutsch-türkischen Soziologin Necla Kelek am 12 11 2014 in der „Außenpolitischen Gesellschaft" in Wien, dass sie den „Koran nicht lieben könne", weil er an 17 Stellen zur Tötung von Ungläubigen aufruft.

Als Muslima erwarte sie für Europa einen Islam, der losgelöst von der politischen Einflussnahme von Saudi Arabien, Katar und der Türkei ein Glaubensgut vertritt, das mit der Demokratie vereinbar ist.

Ebenso erging es dem algerischen Schriftsteller Boualem Sansal, der im Jahre 2011 den Friedenspreis des Deutschen Buchhandels erhielt und damals vernichtende Kritik an den europäischen Intellektuellen übte.

> „Sie schauen weg, sie wollen von den Problemen der arabischen Revolutionen mit dem Islam nichts hören. Indem sie zu feige sind, den Islam zu kritisieren, verraten sie die Unterdrückten, allen voran die Frauen in den islamischen Ländern, denen sie gerade das falsche Beispiel geben.
>
> Europäische Intellektuelle unterwerfen sich ohne Not den Sprech-, Kritik- und Denkverboten des Islam. Alle, die Mut zum kritischen Diskurs zeigen, werden von den Protagonisten des Untertanengeistes dagegen mit dem grotesken Vorwurf des Rechtsextremismus verleumdet".

Selbst Salman Rushdies, weltbekannter Autor der „Satanischen Verse" und mit ein Todes-Fatwa belegt, zum Auftakt der Frankfurter Buchmesse 2015 konnte den Irrweg der Toleranz gegenüber dem Islam nicht beenden.

> „Das Recht auf freie Rede dürfe nicht durch religiöse Intoleranz
> beschnitten werden. Und auch nicht durch Politische Korrektheit. Ohne
> Meinungsfreiheit gibt es keine anderen Rechte"

In diesem Klima der Realitätsverweigerung ist es auch nicht verwunderlich, dass Hilferufe von Bischöfen der orientalischen Kirchen wegen des vor aller Augen stattfindenden Genozids an Christen ungehört verhallen und dass US-Präsident Barack Hüssein Obama 2009 bei seinem Besuch in Ägypten sagen konnte, dass der Islam zu den USA gehöre.

> Er ließ auch alle Hinweise auf den Islam in den Anti-Terrorhandbüchern des FBI (FBI Counterterrorism Analytical Lexicon) entfernen.

> Diese folgenschwere Maßnahme führte letztlich dazu, dass das „Boston Attentat" im Jahre 2013 mit 3 Toten und 264 Verletzten trotz

russischer Hinweise auf den islamischen Hintergrund der beiden Attentäter nicht verhindert werden konnte.

Ob in den USA oder in Österreich, es ist die behördliche Unkenntnis der islamischen Glaubensgrundlagen, die religiös motivierte Attentate nicht verhindern kann. Seit dem Allerseelentag 2020 klagen auch in Wien vier Tote an!

In Wahrheit werden Nicht-muslimische Bürger durch die unbeschränkte Toleranz gegenüber dem Islam diskriminiert, da sich „Gläubige Moslems" mit behördlichem Zusehen das Recht herausnehmen, nach Vorstellungen zu leben, die den gesellschaftspolitischen westlichen Normen diametral entgegenstehen. Für sie steht das islamische Recht (Scharia) über dem von Menschen gemachten Recht

Unter dieser Diskriminierung leiden ganz besonders im Westen Schutz suchende orientalische Christen. De facto gilt dies für alle Frauen, die das „westliche Lebensmodell" leben wollen.

Europa ist also unaufhaltsam auf dem Weg zur Islamisierung, es sei denn die Regierung(en) fasst(en) den Mut, von den Repräsentanten der Muslime eine Klarstellung der islamischen Hassbotschaften zu verlangen (s.o.).

Schließlich geht es nicht um einen Generalverdacht, sondern um Fakten!

Zu diesen Fakten zählen allen voran die islamischen Tötungs-**Gebote** und im weiteren alle Glaubensinhalte, die sich mit den Nicht-Muslimen befassen und daher als Ideologie und nicht als Religion zu werten sind.

Zu klären ist auch, ob Sure 5, Vers 101 überhaupt einen Dialog zulässt, oder nur als „Bekehre Dich, verschwinde oder stirb! Bleib Mensch zweiter Klasse und zahle Kopfgeld (Dschisija)" zu verstehen ist.

„O ihr, die ihr glaubt, fragt nicht nach Dingen, die, so sie euch kund würden, euch würden wehe tun".

Ist auch die im Islam verankerte Lüge und Verstellung (Takija) im Kampf gegen

die Ungläubigen als Verweigerung jeglichen Dialogs zu verstehen?

Al-Ghazzali (1059-1111), einer der bedeutendsten Lehrer des Islam, sagt, "Wisse, dass die Lüge nicht falsch ist. Wenn eine Lüge der einzige Weg ist, ein gutes Ergebnis zu erzielen, ist sie erlaubt.

Daher müssen wir lügen, wenn die Wahrheit zu einem unangenehmen Ergebnis führt."

Constantin Schreiber berichtet in „Islam Inside", dass Imame in Deutschland vor der deutschen Gesellschaft und ihrem negativen Einfluss durch Geschlechterrollen, Homosexualität und der Sexualisierung der Öffentlichkeit warnen 3).

Vor allem ist es das islamische Frauenbild, das Muslime nicht akzeptieren und sie daher vom westlichen Kulturleben fernhält:

- Sure 2 Vers 223 „Eure Weiber sind euch ein Acker..."
- Sure 33 Vers 59 „O Prophet, sprich zu deinen Gattinnen und deinen Töchtern und den Weibern der Gläubigen, dass sie sich in ihren Überwurf verhüllen..."
- Sure 4 Vers 34 „Die Männer sind den Weibern überlegen…"

Dieses Frauenbild drückt sich deutlich in den „Zwangsverheiratungen" und in der „Gewalt im Namen der Ehre" (Ehrenmorde) aus und bildet damit einen der wesentlichsten Unterschiede zu den auf Individualismus aufbauenden persönlichen Rechten.

Die islamisch-patriarchalische Gesellschaft sieht beides nicht als Delikt.

Folgerichtig meint der Integrations- und Deradikalisierungs-Experte Kenan Güngör, dass ein Ehrenmord als eine Tat, die vom Kollektiv legitimiert oder gar verlangt wird, während ein „heimischer" Täter als selbst motivierter Mörder handelt (Radio Ö1 21 12 2015, Journal Panorama).

Erleuchtend sind auch seine Feststellungen im Ö1 Morgenjournal vom 24 12 2016, wenn er auf die Frage zu Suren, die zu Gewalt gegen Nicht-Muslime aufrufen (s.o. z.B. Sure 9 Vers 5) sagt, dass „der IS keine Fehlinterpretation, sondern eine sehr problematische Interpretation verwendet und es leider gesellschaftliche Strömungen gibt, die solche problematische Interpretation predigen".

„Für Muslime ist es daher schwer zu sagen, dass eine Sure nicht stimmt, da sie dadurch zu schlechteren Gläubigen würden. Weiters sagt er, dass es einer humanistischen Lesart des Islam bedarf".

So ist es auch nicht erstaunlich, dass in der Winternummer 2016 des "Migrantenblatts" BIBER unter "Haram, Bruda! zu lesen ist, dass **"der Islam auch mitten in Österreich die Unterdrückung von Frauen und Verachtung von Andersdenkend legitimiert"**.

Im Februar 2017 berichtet BIBER, dass die türkische **Süleymancilar** Bewegung im niederösterreichischen Mostviertel Kindern das „Feindbild Westen" lehrt.

Es ist auch klarzustellen, was die für den muslimischen Alltag maßgeblichen Anleitungen des islamisch-sunnitischen Theologen Yusuf al Quaradawi bedeuten, da die heimische Gesellschaft diese Anleitungen sicherlich nicht als Teil ihres Rechtsbestandes sieht.

„Erlaubtes und Verbotenes im Islam", Yusuf Al Qardawi, SKD-Verlag, ISBN 3-926575-89-1

Neben der für *alle* Zeiten gültigen diskriminierenden Trennung der Menschheit in Gläubige und Ungläubige werden z.B. die folgenden Regeln angeführt:

Zur Todesstrafe:

das Blut eines Muslims zu vergießen ist nicht erlaubt, außer als Vergeltung für einen Mord, für jeden Verheirateten bei Ehebruch, für Abkehr vom Islam (Apostasie).

Zur Homosexualität:

Manche islamische Rechtsgelehrte sehen Homosexualität als eine sexuelle Abartigkeit und empfehlen die Todesstrafe.

Vgl. dazu die Freiheit der sexuellen Orientierung und die Homoehe als Maßstab einer modernen westlichen Gesellschaft

Zur Adoption:

Der Islam betrachtet die Adoption als eine Verfälschung der natürlichen/ Ordnung und der Wirklichkeit. Einen Fremden in die Familie aufzunehmen ist Betrug.

Zu den Berufsverboten:

Ein Moslem darf zum Beispiel nicht Offizier oder Soldat einer Streitmacht sein, die gegen Muslime kämpft und auch nicht in einem Betrieb tätig sein, der Waffen herstellt, die gegen Muslime eingesetzt werden. So darf ein Muslim nicht in einer Einrichtung tätig sein, die mit Zinsen arbeitet, einem Alkoholgeschäft, Nachtklub, Tanzsalon usw.

Vor dem Hintergrund, dass sich ein Moslem einem nichtmuslimischen Staat niemals zur Loyalität verpflichten darf, sind jedoch Zweifel an der Loyalität im Ernstfall mehr als berechtigt.

So musste auch der Erste Weltkrieg vom Sultan in Istanbul, dem Kalifen der Muslime, zu einem Heiligen Krieg erklärt werden, damit die bosniakischen Soldaten der k.u.k. Armee mit Loyalität dienen.

Nicht überraschend sind daher auch Berichte aus dem Bundesheer über Verweigerung des Fahnengrußes und über die Verweigerung von Befehlen, wenn sie von weiblichen Vorgesetzten erteilt werden.

Zu gemischten Ehen:

Es ist der muslimischen Frau untersagt, einen Nichtmuslim zu heiraten. Ein muslimischer Mann darf eine Nicht-Muslima heiraten (muslimische Frauen, die zuwider handeln, müssen mit Beschimpfungen und Ausgrenzung rechnen. Die Verheiratung mit einem muslimischen Mann bedeutet aus muslimischer Sicht die Annahme des Islam einschließlich der islamischen Erziehung der Kinder).

Es ist für den mündigen Bürger unfassbar, dass in der islamischen Parallelwelt die offensichtlichen Gesetzwidrigkeiten gelebte Praxis sind und jegliche Absicht fehlt, ein friedliches Zusammenleben im Sinne der Goldenen Regel zu führen.

Es ist auch unfassbar, dass oft mit Stolz auf die österreichische Gesetzgebung hingewiesen wird, die bereits im Jahre 1912 ein Islam-Gesetz verabschiedete, aber dennoch bis zum heutigen Tage unbekannt ist, was der gläubige Moslem glaubt.

Die Erläuterungen zum Gesetz 1912 weisen auf die in der islamischen Welt übliche Polygamie und das Vergeltungsrecht hin, sodass es zu einer eingeschränkten Anerkennung der Lehren des Islam nach hanefitischem Ritus als Religionsgesellschaft auf jene Inhalte kommt, die „**nicht mit den Staatsgesetzen im Widerspruch stehen**".

Trotz dieser Einschränkung gewährt Österreich bis zum heutigen Tag uneingeschränkte Religionsfreiheit für den Islam in seiner Gesamtheit einschließlich der oben ausgeführten islamischen Gesetzwidrigkeiten (Scharia).

Diese Gesetzeslage wurde auch durch das neue Islamgesetz aus dem Jahre 2015 nicht geändert und widerspricht offensichtlich dem Diskriminierungsverbot der EU, dem Artikel 7 der Bundesverfassung (Grundsatz der Gleichbehandlung), dem Artikel 2 des Staatsgrundgesetzes vom 21 12 1867 (StGG) (Gleichheit vor dem Gesetz) und dem Anerkennungsgesetz 1874 und führte in direktem Widerspruch zur EMRK zu einem eigenen muslimischen Rechtskreis einschließlich Scharia.

Es stellt sich schlussendlich die Frage, ob und wie es zu einer Klarstellung kommen wird. Welches Gericht würde sich mit einer Amtshaftungsklage befassen?

Oder „.......**muss der Fluch der bösen Tat fortzeugend immer Böses gebären**"? Frei nach Friedrich Schiller, Die Piccolomini.

Es hat den Anschein, dass sich die österreichische Regierung wieder einmal mit einem „Gott schütze Österreich!" begnügen wird, anstatt der Islamisierung mit Entschiedenheit entgegenzutreten.

Ob Christentum und freiheitlicher Verfassungsstaat überleben werden, scheint die Regierung nicht zu interessieren.

1) s.a. „Allgemeine Erklärung der Menschenrechte", Generalversammlung der Vereinten Nationen vom 10. Dezember 1948

2) Das christliche Hilfswerk Open Doors veröffentlicht jedes Jahr im Januar seinen Weltverfolgungsindex. 2019 fand die stärkste Zunahme an Christenverfolgung im subsaharischen Afrika, in der Türkei, im Irak und in China statt.

3) „Inside Islam – Was in Deutschlands Moscheen gepredigt wird", Constantin Schreiber, ECON - Verlag, ISBN 9783430202183

5. Möglichkeiten der Rettung nicht nur des Christentums, sondern auch des Rechtsstaates und der europäischen Kultur Ortmair Sr Ka

5.1. Ley Recoquista
5.2. Ortm & Ka:„Werkbank zu 4 Werkzeugen Christi"

Eine Laienbewegung des Gebets/Handelns

Ein Tisch zu Initiativen, die es alle schon gibt und die nur vereint werden müssen

WIR sind Laien und uns der Tatsache bewusst, dass Österreich selbst zum Missionsland geworden ist. WIR wollen tätig werden, als „Missionare" mithelfen, dass auch der Glaube in Österreich wieder wächst - durch **Gebet u n d Handeln**:

1. Gebet und finanzielle Unterstützung für Geistliche Berufungen

2. Gebet und Hilfe für verfolgte Christen – die Verfolgungen haben sich von 2010 bis 2020 verdoppelt

3. Gebet für die Achtung des Lebens von der Zeugung bis zum natürlichen Tod und Unterstützung von Schwangeren in materieller u/o psychischer Not

4. Allgemein den Geist des Gebets in uns und bei anderen wachrütteln, vor allem mit Blick auf Jugendliche – denn sie sind die Zukunft der Kirche

Denn leider sind traurige Tatsachen:

….. dass in Österreich Jahr für Jahr **nur Wenige zu Priestern geweiht werden und immer weniger Frauen in Orden eintreten.**

….. dass weltweit **Christenverfolgungen** stattfinden. Innerhalb von 10 Jahren hat sich die Zahl von 100 Mio. auf 200 Mio. **verdoppelt.**

….. dass allein in Österreich jährlich zehntausende Kinder „nicht lebend geboren" werden, weil sich **Schwangere in Not** befinden - finanziell oder weil sie einem Druck ausgesetzt sind.

….. dass **Jugendliche** - unsere Zukunft - gefirmt werden und danach **kaum mehr Gottesdienste mitfeiern.**

WIR wollen uns bei unseren Seelsorgern dafür einsetzen, dass in unseren Kirchen eine „**Werkbank Christi**" – ein Tisch auf Rädern, unterteilt in 4 gleich große Felder mit Unterlagen, insbesondere auch mit Gebeten zu den einzelnen „Werkzeugen" – aufgestellt wird. In der Mitte des Tisches soll während der Sonntagsmessen eine große Kerze brennen – zweimal jährlich umwickelt mit Stacheldraht als Gedenken an Menschen, die für ihren Glauben ihr Leben einsetzen, was auch unseren Glauben wieder stärken wird. Wir werden versuchen, in Pfarren und christlichen Gruppen „Missionare" zu finden, die den Tisch betreuen und Messbesucher vor und nach der Messfeier auf die einzelnen „Werkzeuge" ansprechen, auch zur Mitarbeit einladen.

Die „Werkbank zu 4 Werkzeugen Christi" soll bestehende Projekte in einer Pfarre nicht verdrängen, sondern sie unterstützen – das <u>Prinzip der Subsidiarität</u> halten auch WIR für ein hohes Gut. WIR wollen Missio, Kirche in Not, Elisabethstiftung in unseren Gemeinden die Türen öffnen, wollen uns bemühen, dass der Geist des Gebets und der Glaube an die Macht des Gebets wieder unseren Alltag durchdringen, wollen Jugendliche aktiven kirchlichen Bewegungen zur Glaubensvertiefung zuführen.

**JEDER VON UNS IST BEAUFTRAGT, MISSIONAR CHRISTI ZU SEIN.
„BEWEGUNG" HEISST ANSPRECHEN UND EINLADEN.**

99

„Werkbank Christi"

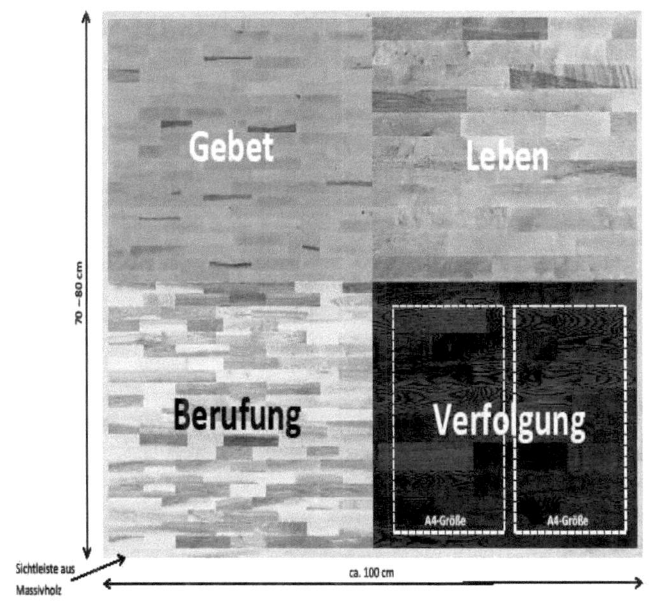

Maßstäbliche Zeichnung; bei Ausdruck auf A4 ist der Maßstab 1:5

Inhaltsverzeichnis

Printed by Books on Demand GmbH, Norderstedt / Germany